AF478129

CILDO MEIRELES & ANTONI MUNTADAS

SALT & SUGAR...
NO SUGAR, NO SALT

SAL Y AZÚCAR... SIN AZÚCAR, SIN SAL

CURATOR | COMISARIO
VICENTE TODOLÍ

TEXT | TEXTO
IRIA CANDELA

PHOTOGRAPHY | FOTOGRAFÍAS
STEFAN BANZ

VERLAG *für* MODERNE KUNST
KUNSTHALLE MARCEL DUCHAMP — N° 4

THE PROJECT | EL PROYECTO

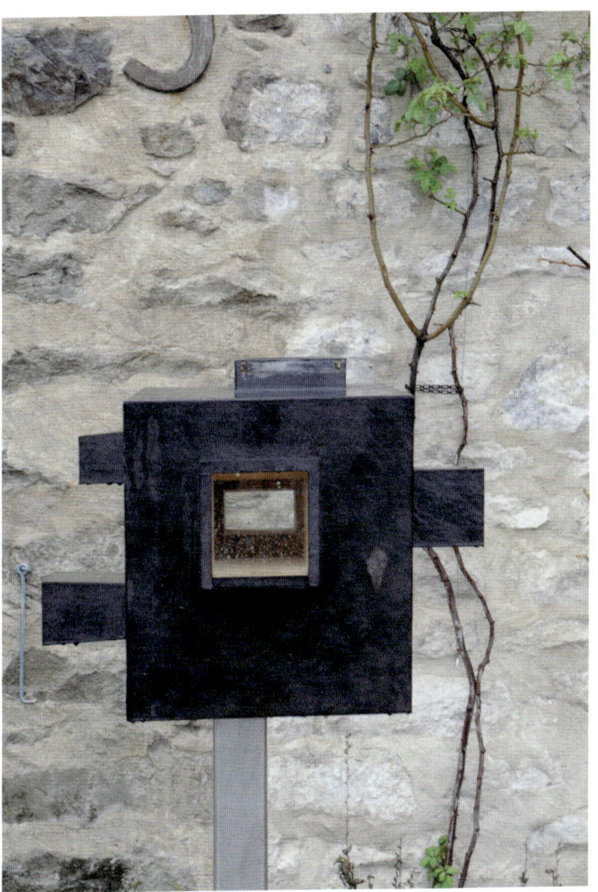

Dear Vicente,
I had several conversations with Cildo, the last one this morning, and we exchanged some drawings and we arrived at the conclusion that this could be our proposal (see figs. pp. 12–13). The space of the Kunsthalle will be divided vertically by a transparent glass/acetate/plexi/acrylic partition. On one side there will be a pile of sugar, on the other a pile of salt. It is reminiscent of two mountains touching each other but consisting of two different materials obviously both white. The sugar and salt I used are: *azúcar blanca cristalizada* y *sal marina fina*. Son muy similares de textura. At this moment we have a title—SALT & SUGAR… NO SUGAR, NO SALT—and an idea: we will go for a text of 20 words, maybe: salt, sugar, landscape, friendship, collaboration… I think you and Stefan could come up with some description: It is up to you how you want to describe the project.
Best, + AM, 02/02/12

Dear Antoni, Dear Cildo,
Here are 20 words from Vicente and me: salt, sugar, friendship, collaboration, discovery, landscape, mountain, expedition, humor, idea, e-mail, travel, dinner, conversation, exploration, stroll, ramble, hike, and climbing.
Warmest wishes, Stefan, 04/02/12

Estimado Vicente,
He tenido varias conversaciones con Cildo, la última esta mañana. Hemos intercambiado algunos dibujos y hemos llegado a la conclusión de que ésta podría ser nuestra propuesta (ver figs. pp. 12–13). El espacio de la Kunsthalle se dividirá verticalmente con una plancha transparente de cristal/acetato/plexi/acrílico. En un lado habrá una pila de azúcar, en el otro una pila de sal. Recuerda a dos montañas que se tocan, pero hechas de dos materiales diferentes, obviamente ambos blancos. El azúcar y la sal que utilizo son: *azúcar blanca cristalizada* y *sal marina fina*. Son muy similares de textura. Por el momento tenemos un título—SAL Y AZÚCAR... SIN AZÚCAR, SIN SAL—y una idea: podría haber un texto de 20 palabras, por ejemplo: sal, azúcar, paisaje, amistad, colaboración... Pienso que tú y Stefan podríais hacer una descripción: decidid vosotros mismos cómo queréis describir el proyecto.
Saludos, + AM, 02/02/12

Estimado Antoni, Estimado Cildo,
Aquí están las 20 palabras que Vicente y yo hemos elegido: sal, azúcar, amistad, colaboración, descubrimiento, paisaje, montaña, expedición, humor, idea, e-mail, viaje, cena, conversación, exploración, paseo, caminata, excursión y escalada.
Con mis mejores deseos, Stefan, 04/02/12

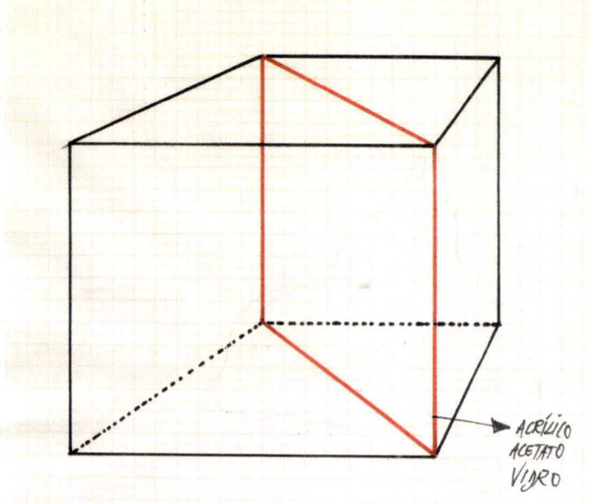
ACRÍLICO
ACETATO
VIDRO

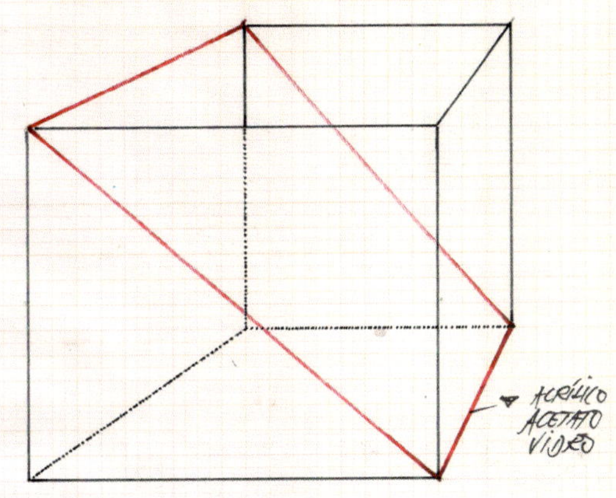
ACRÍLICO
ACETATO
VIDRO

ACRÍLICO
ACETATO
VIDRO

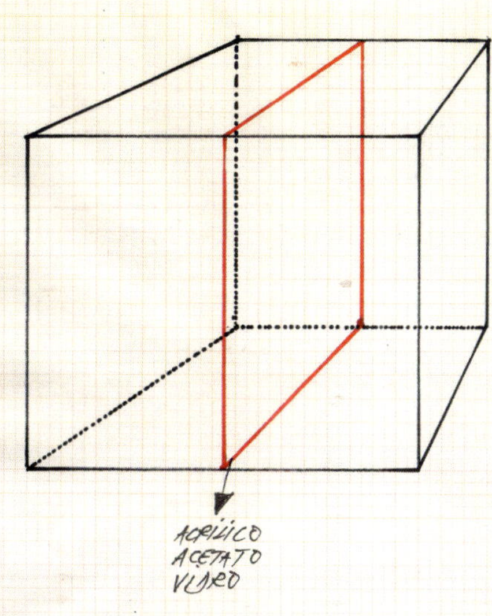

Cildo Meireles

→ CALDO + VICENTE →PROOFS

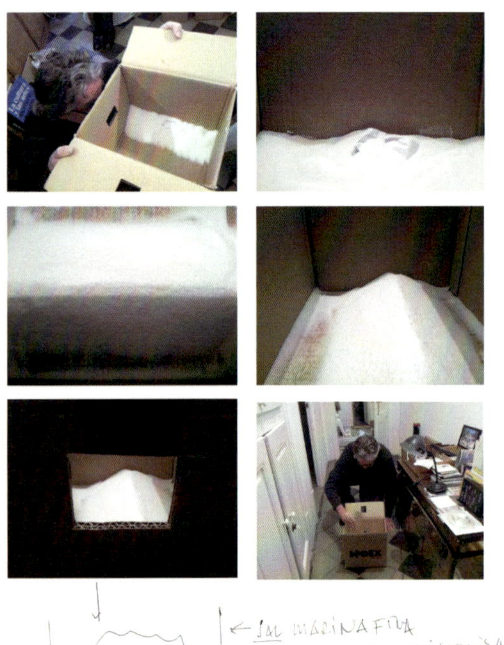

← SAL MARINA FINA
← AZUCAR BLANCO CRISTALIZADO

Salt + sugar

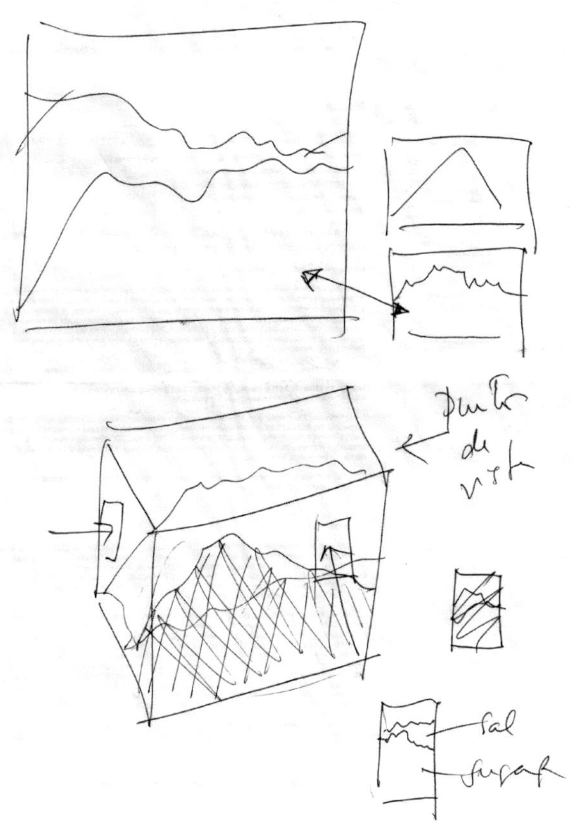

punto
de
vista
sal
sugar

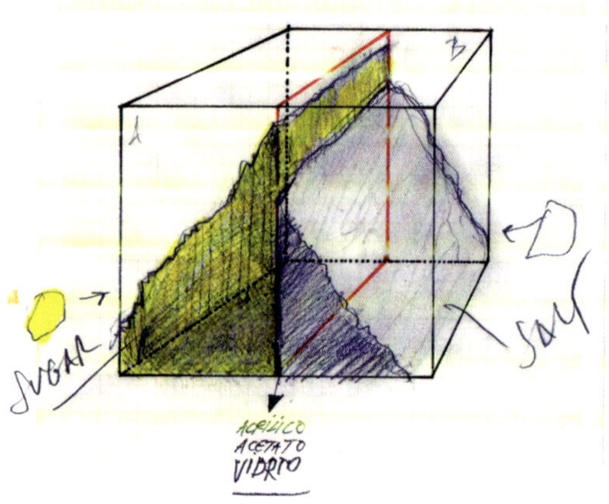
KUNSTHALLE MADRID, MOCKUP
A
B
SUGAR
SALT
ACRILICO
ACETATO
VIDRIO

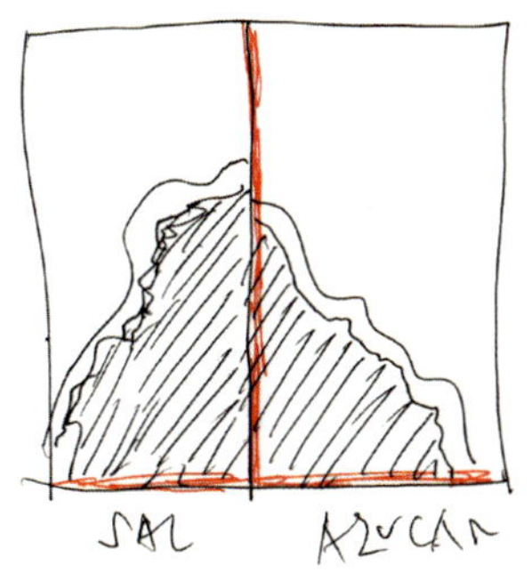

SAL
AZUCAR

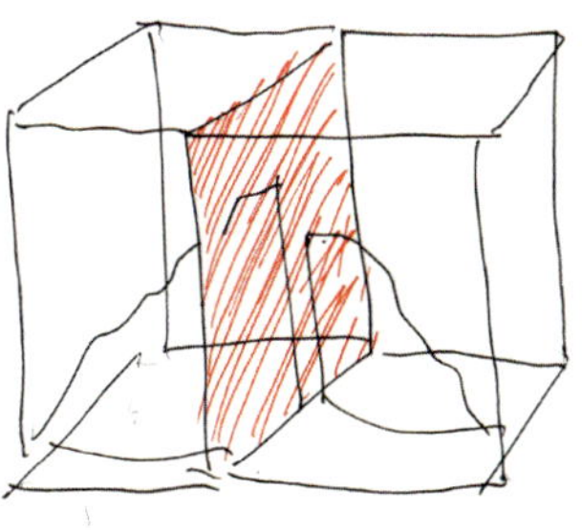

THE REALIZATION | LA REALIZACIÓN

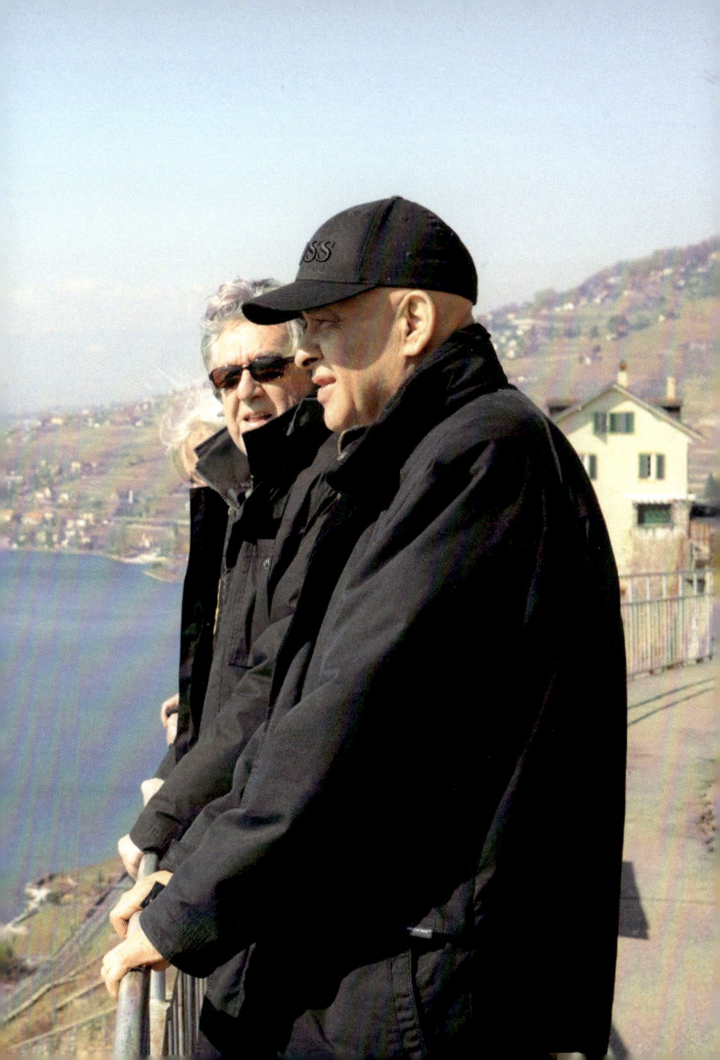

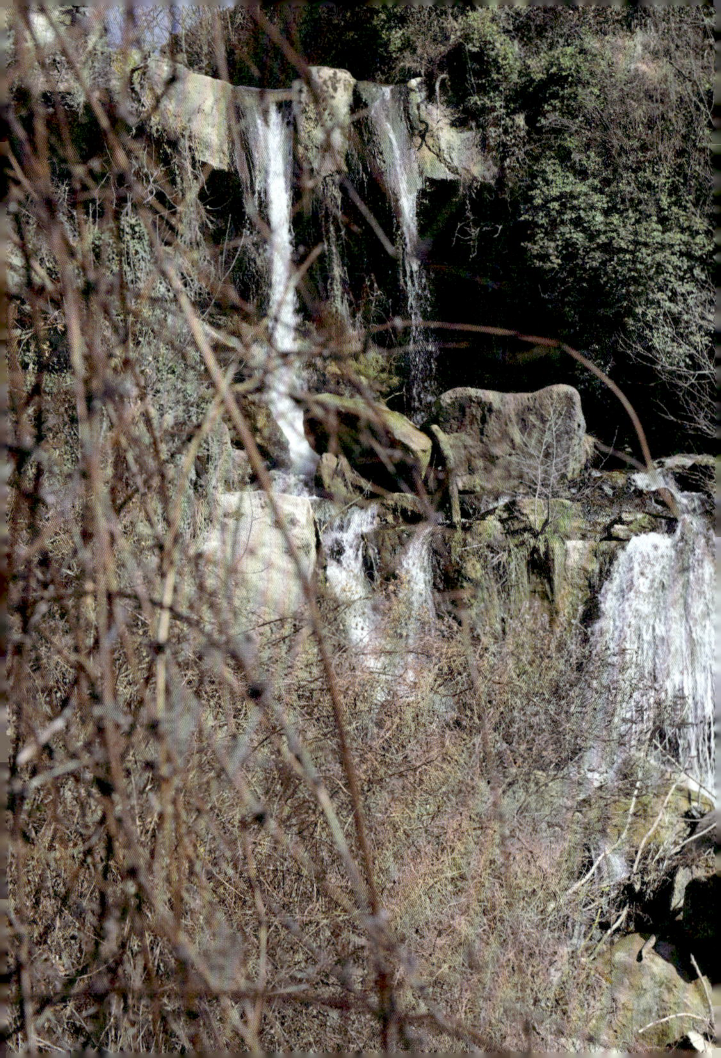

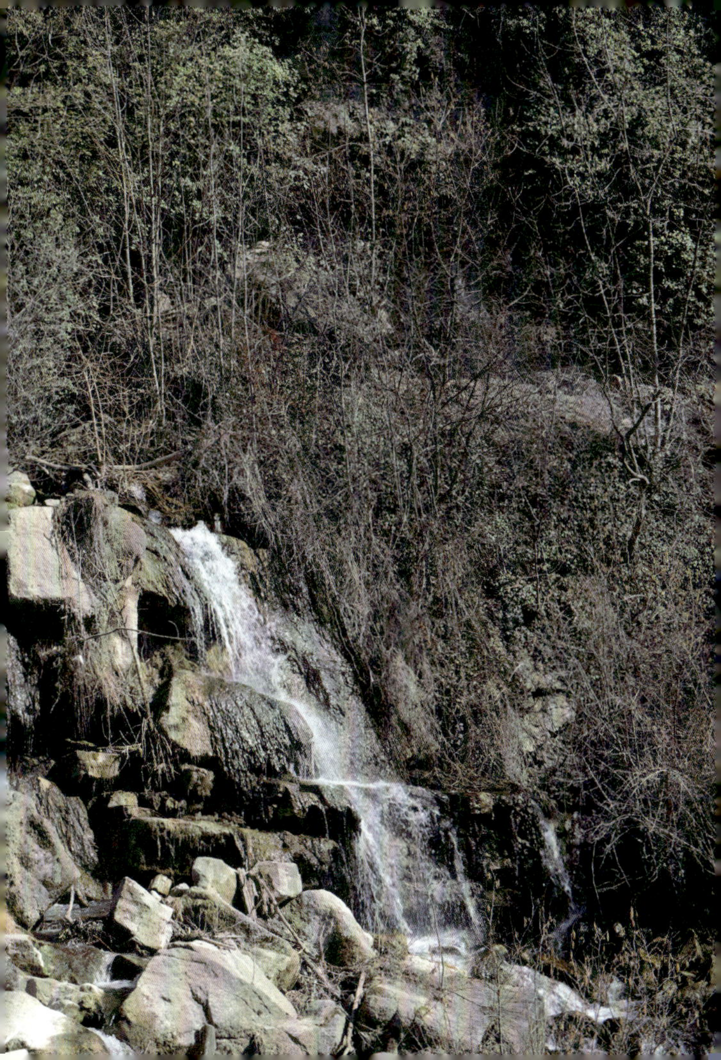

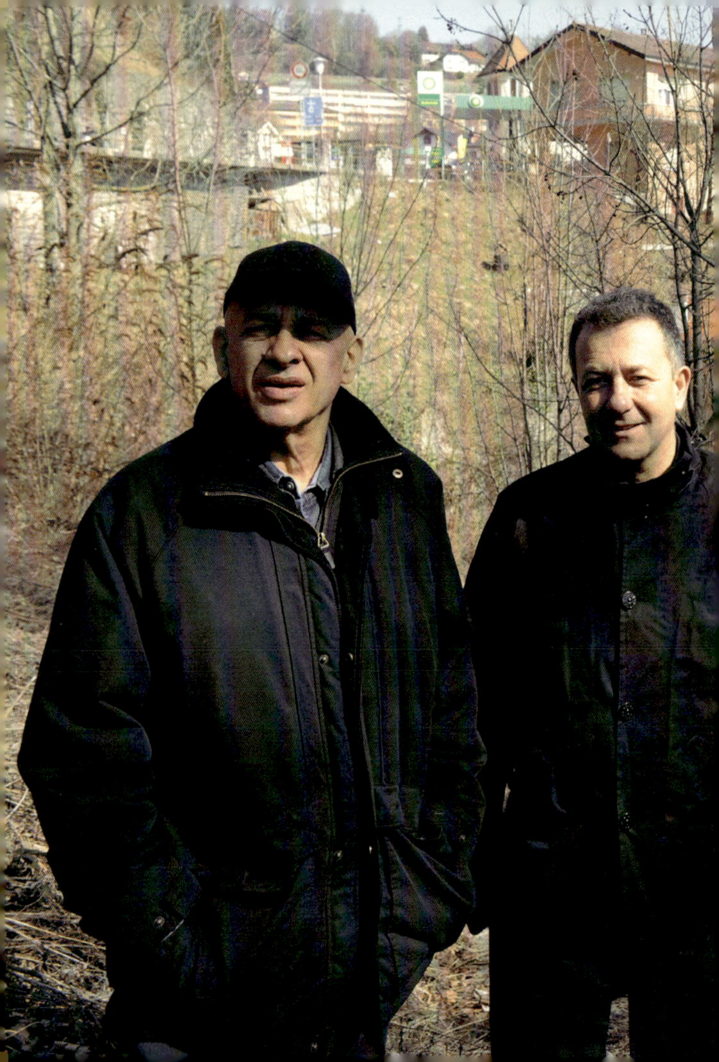

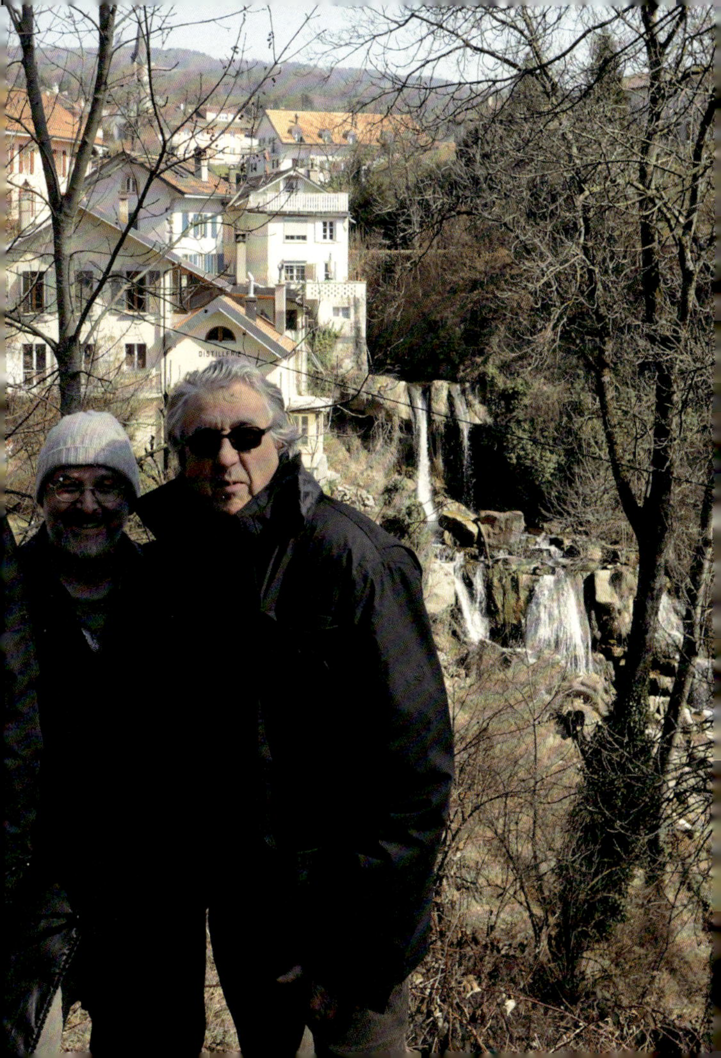

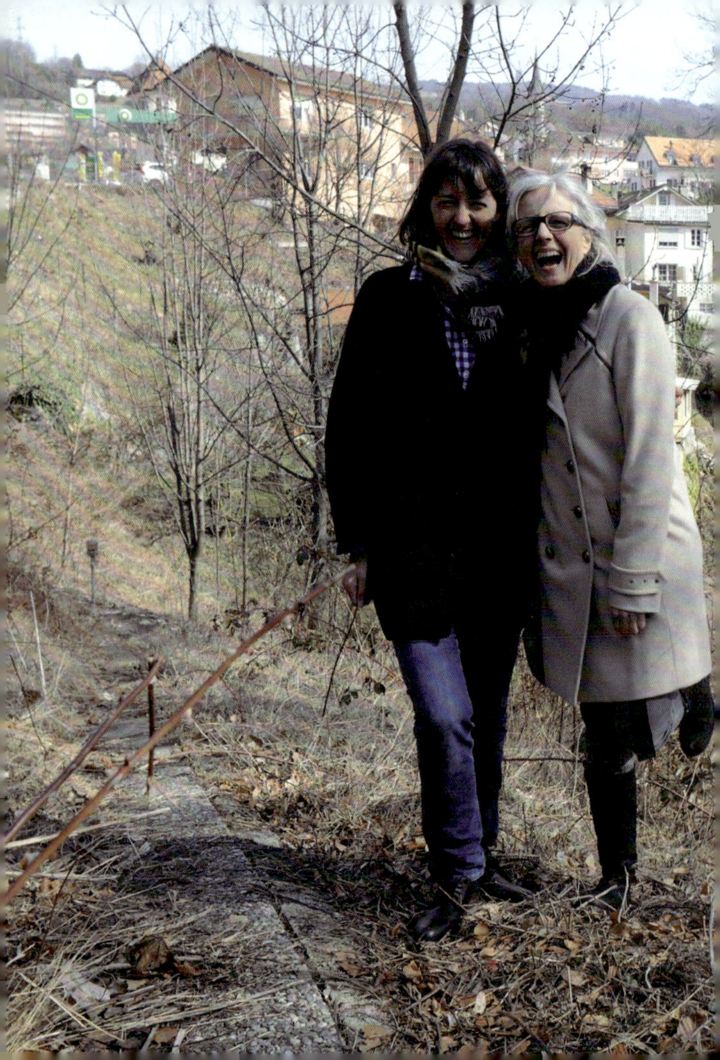

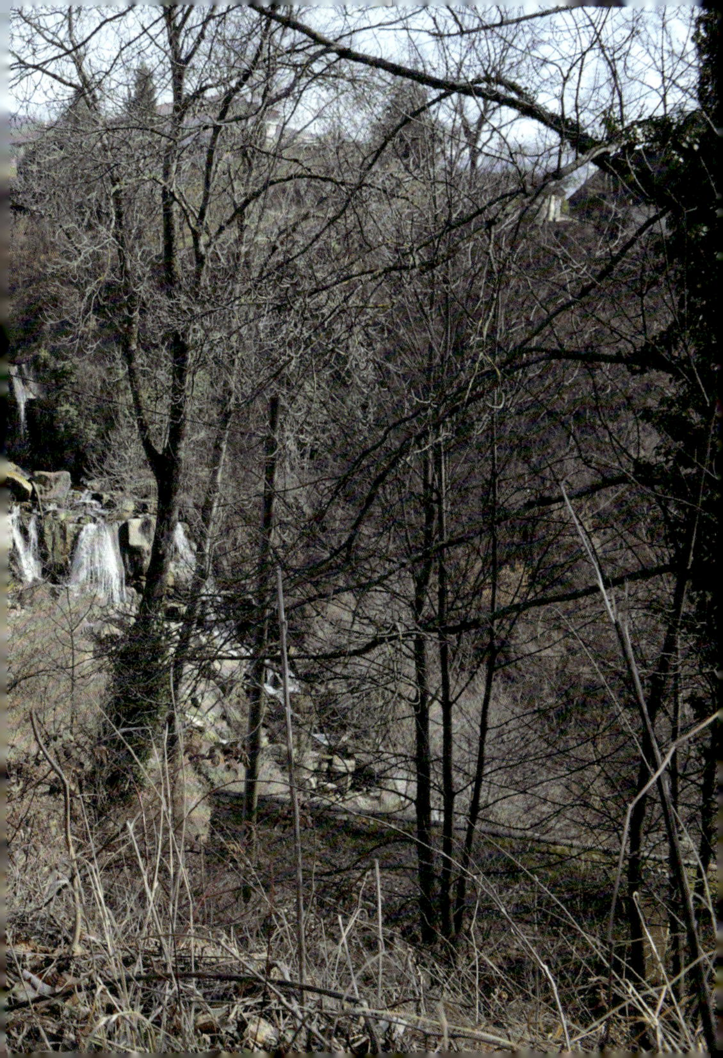

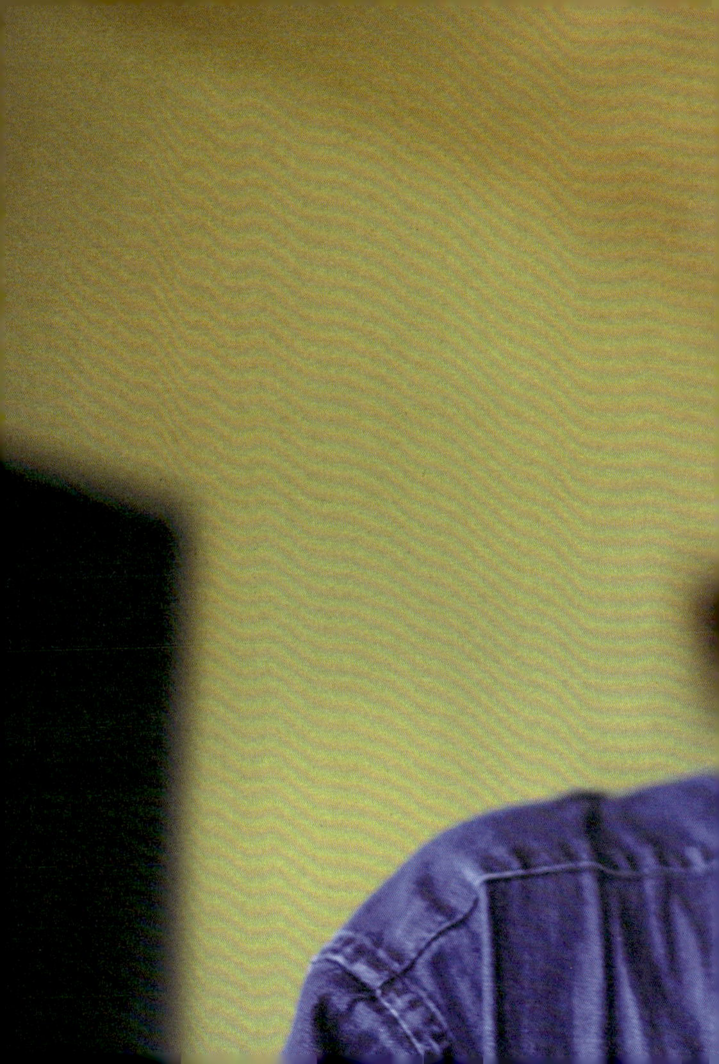

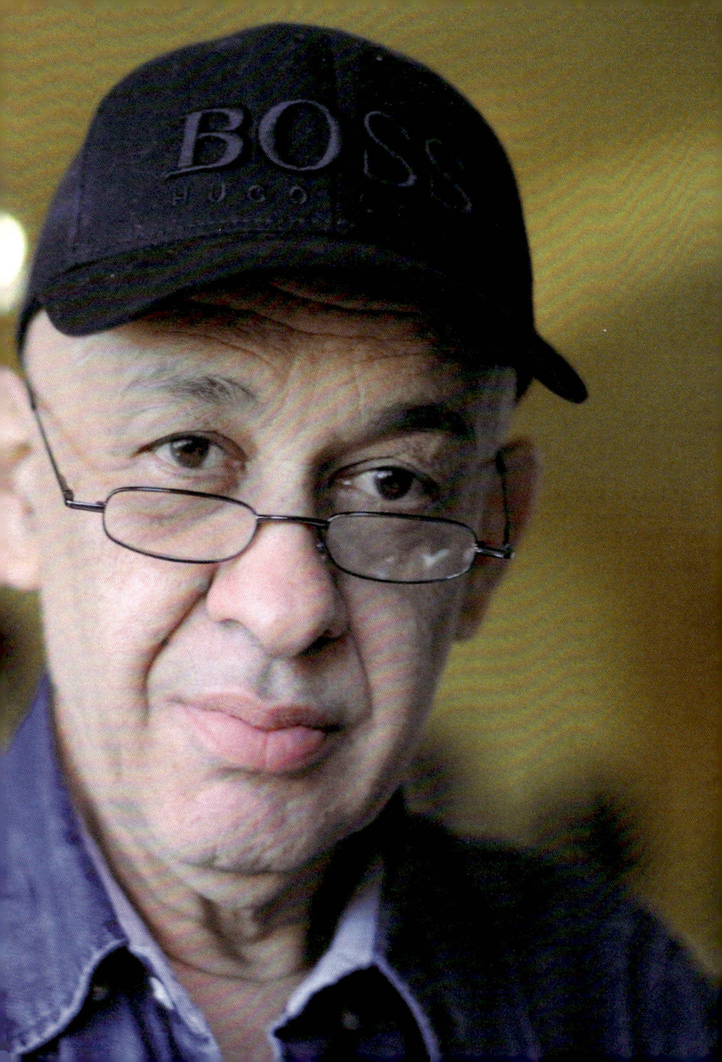

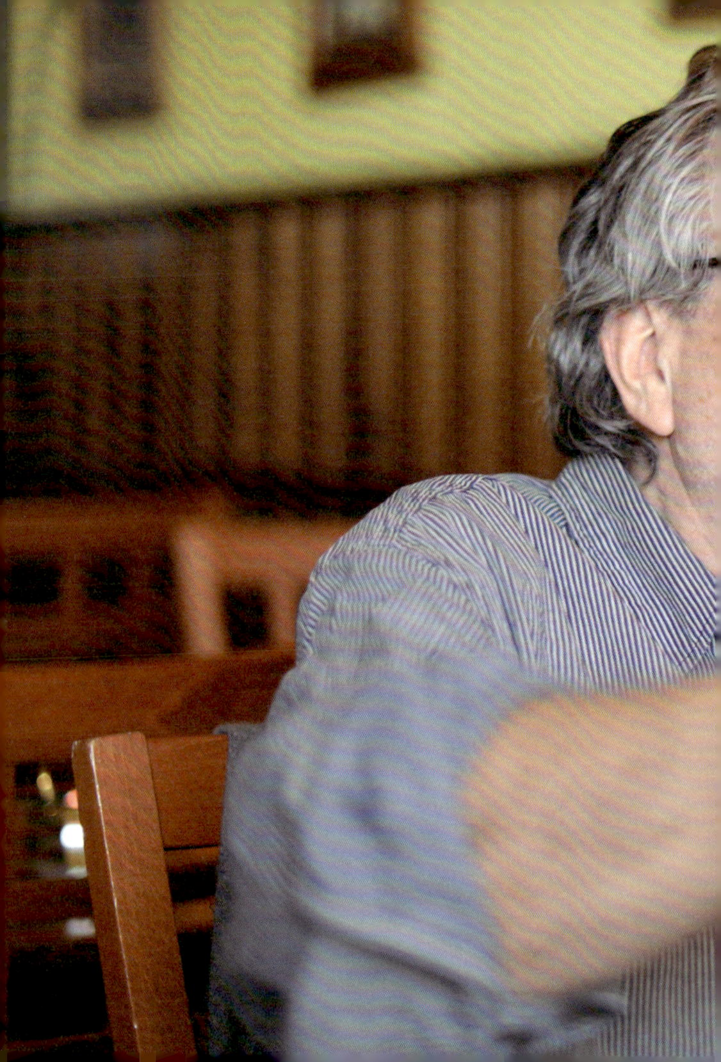

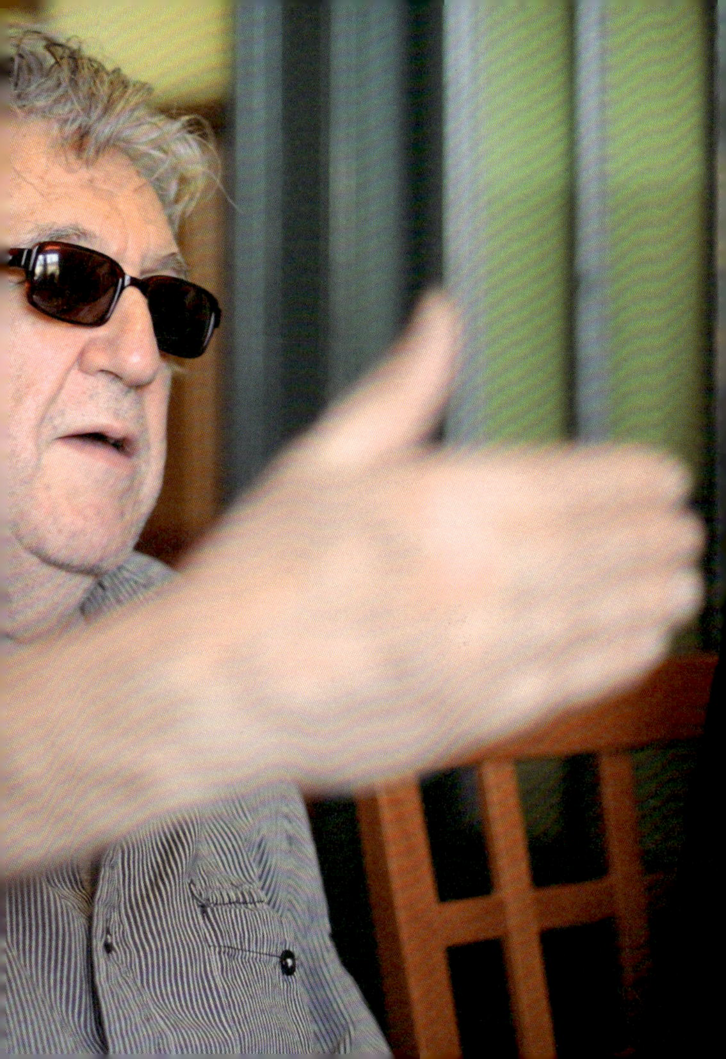

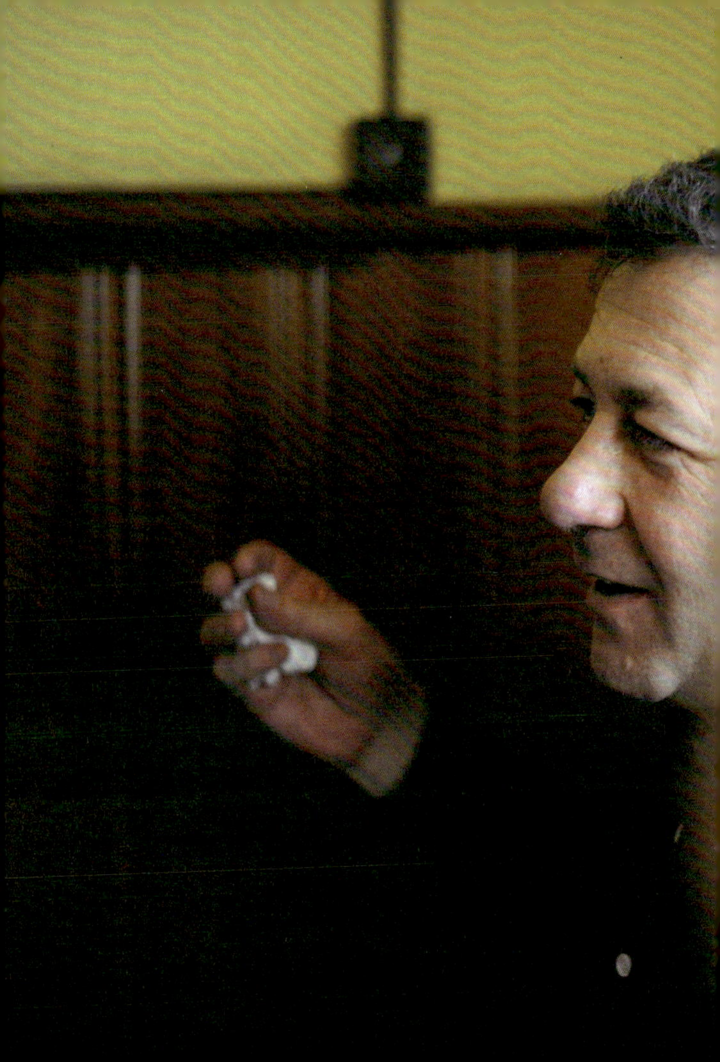

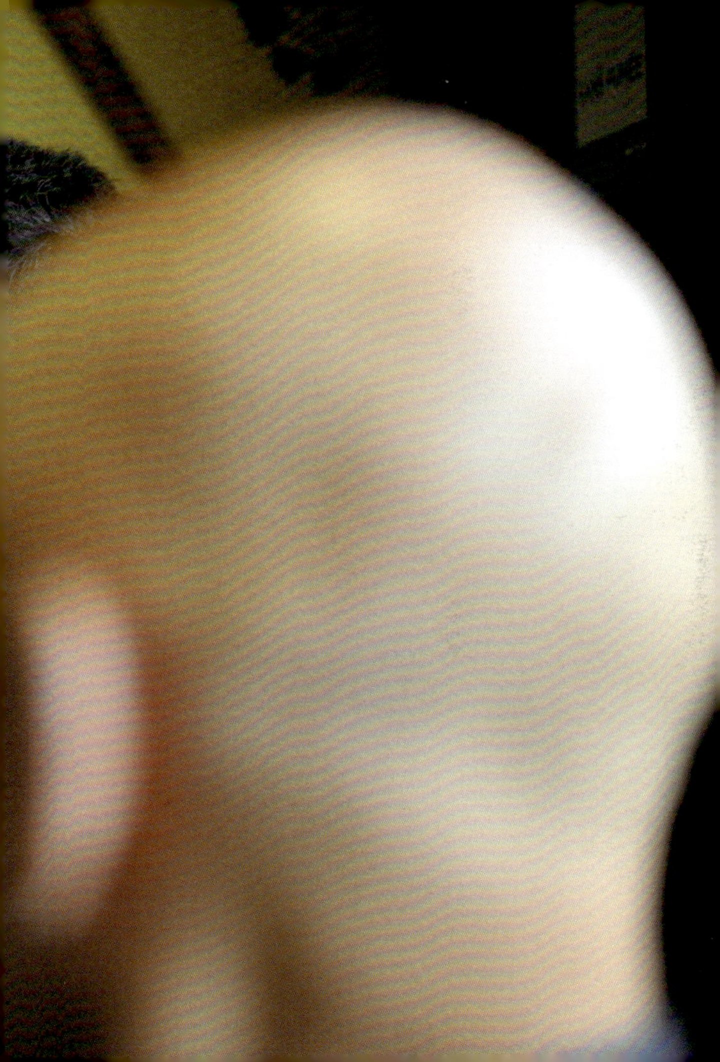

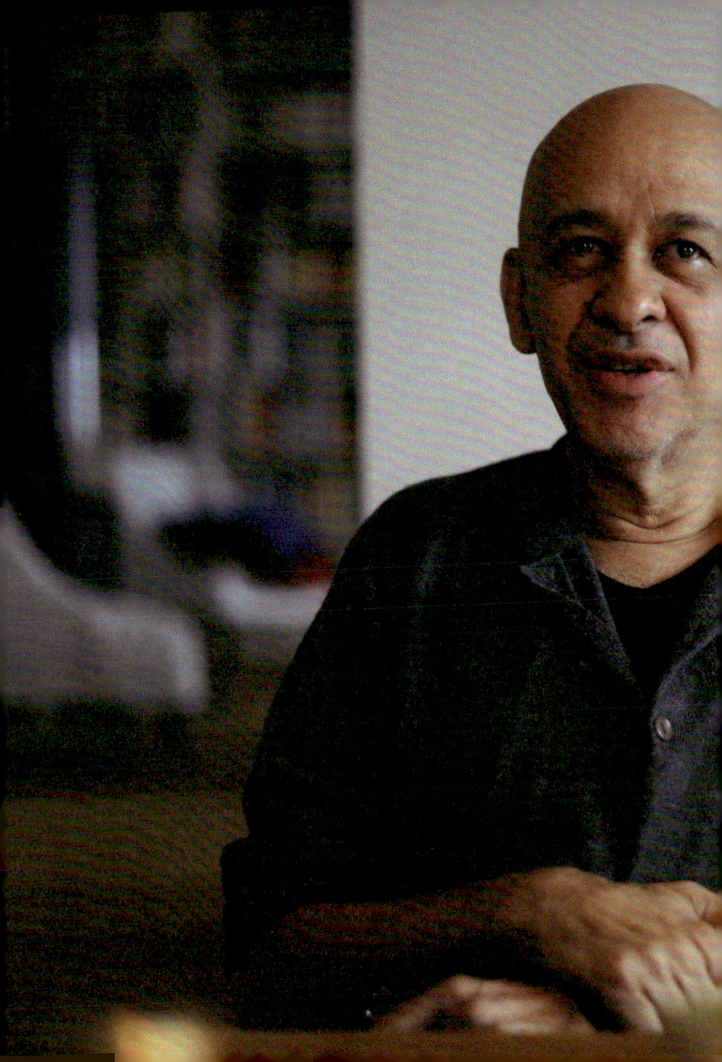

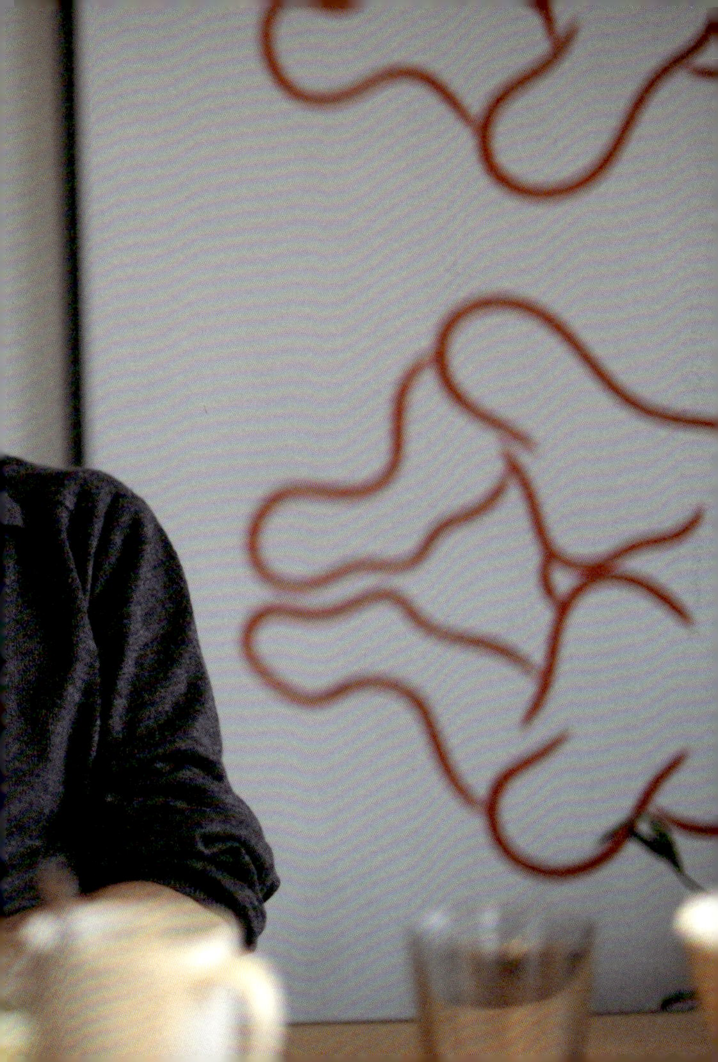

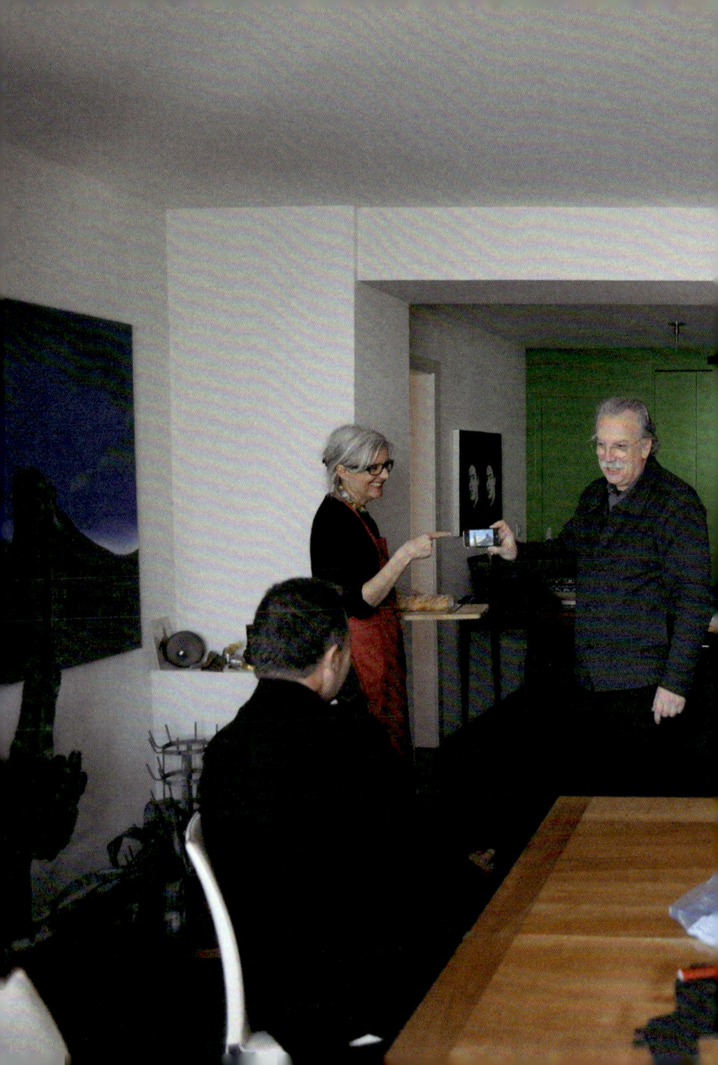

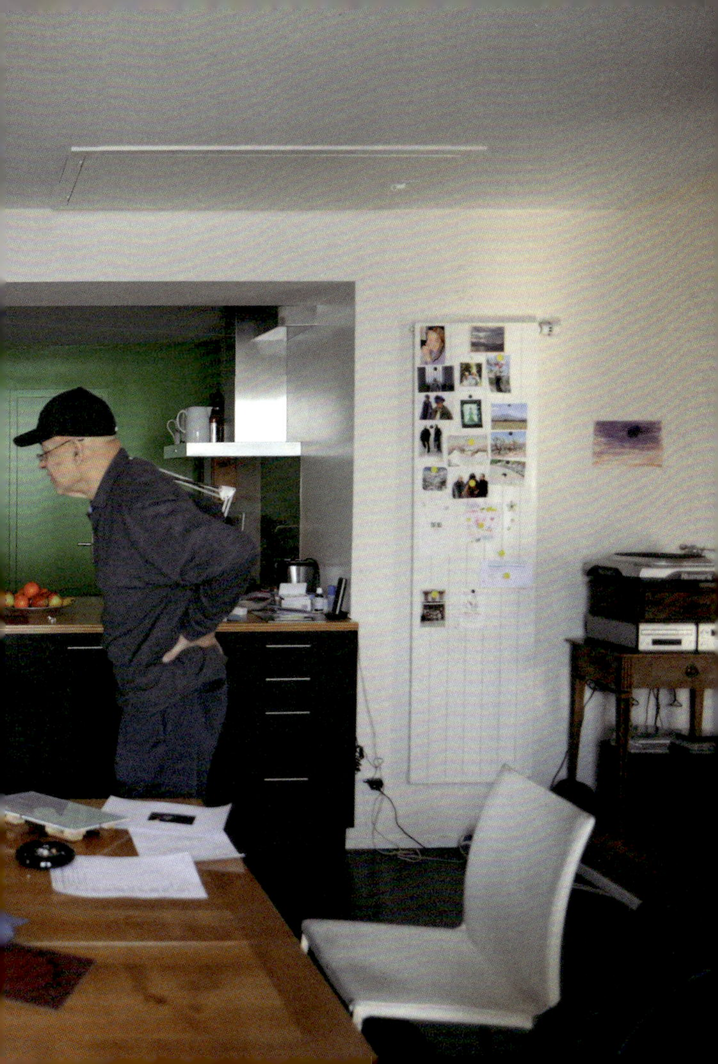

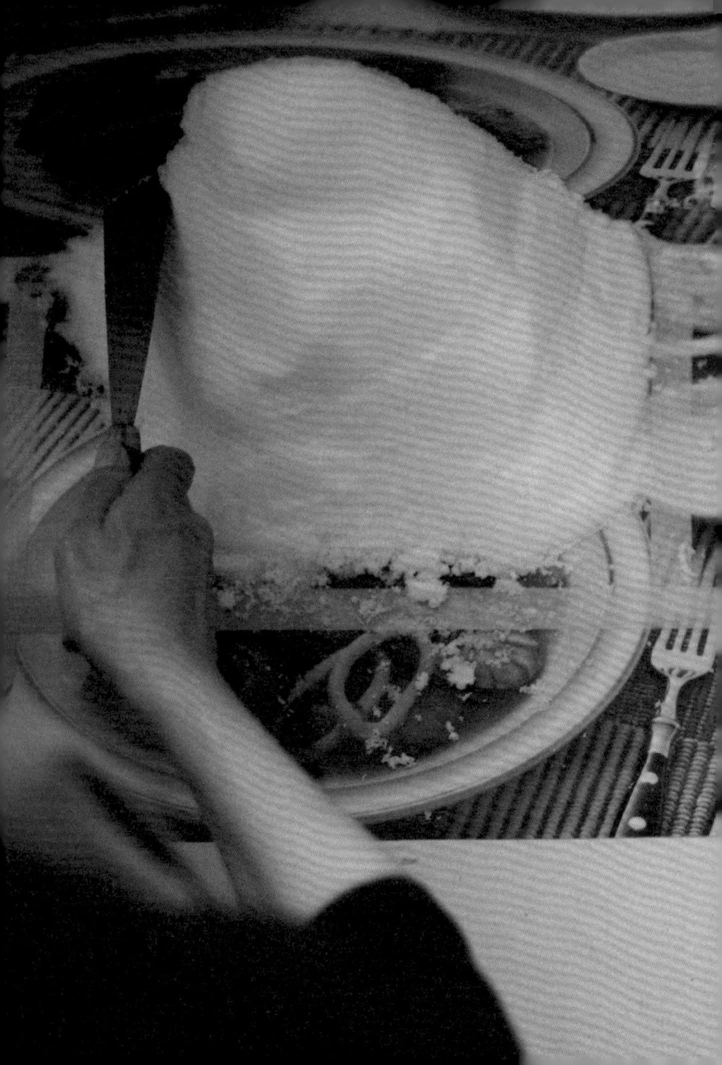

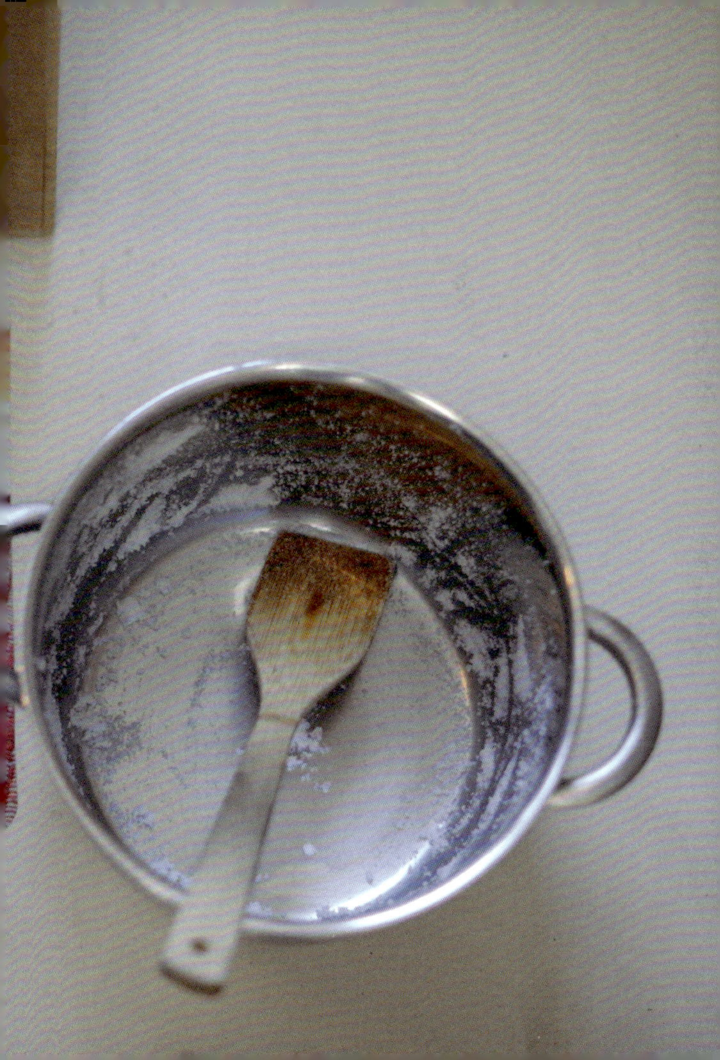

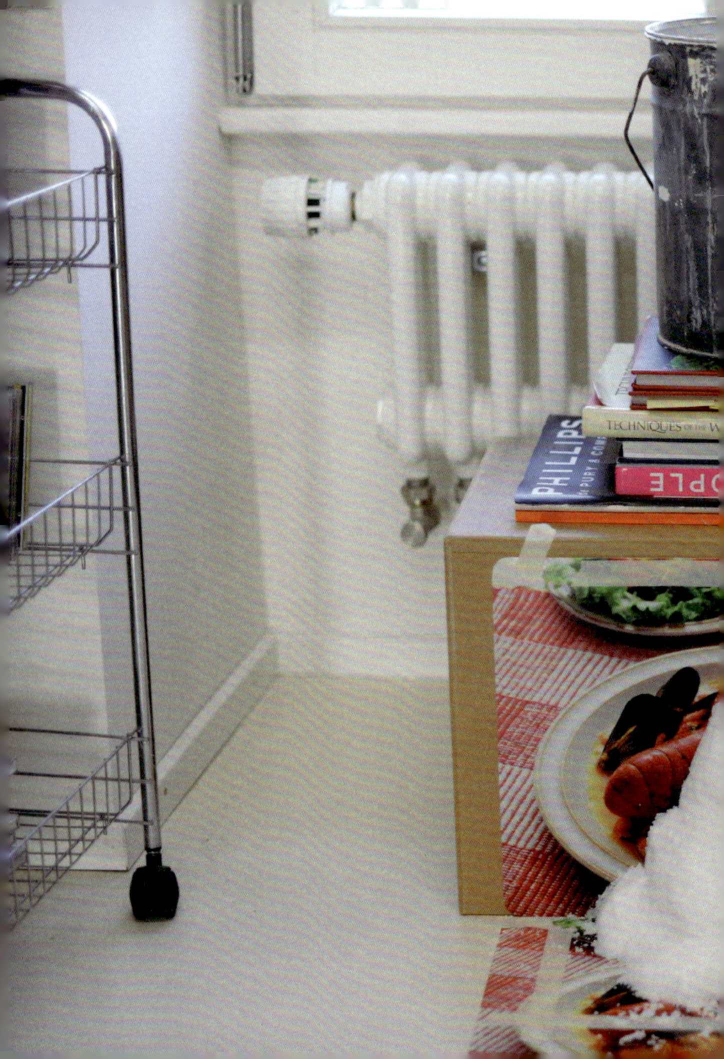
PHILLIPS
TECHNIQUES OF THE W
OPLE

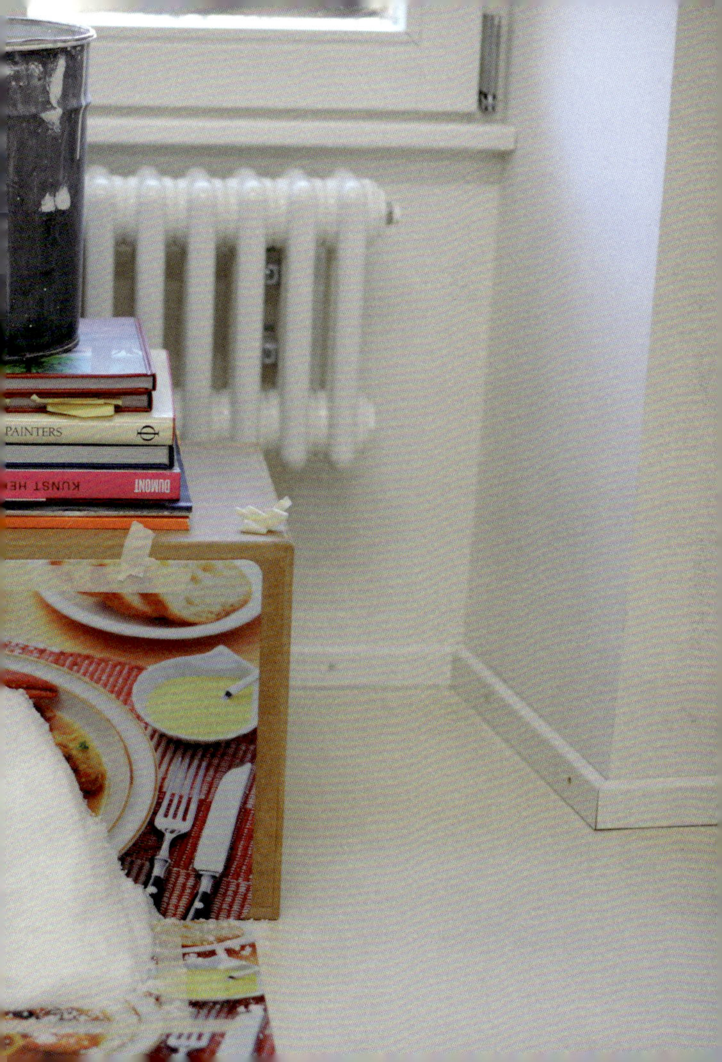

PAINTERS
DUMONT
KUNST HE

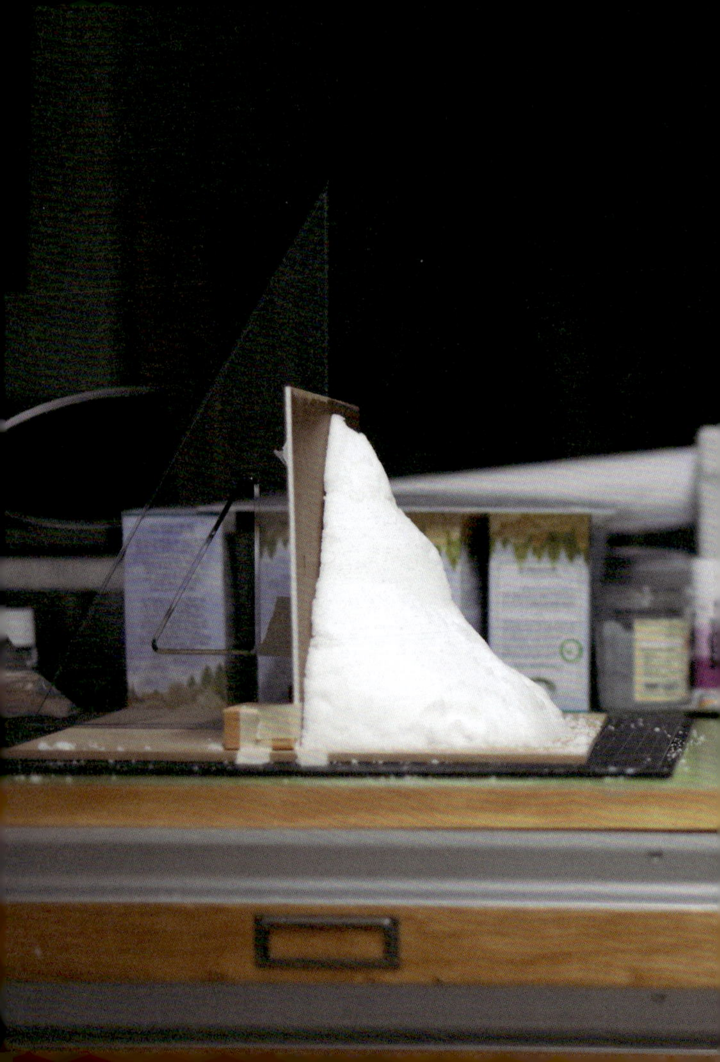

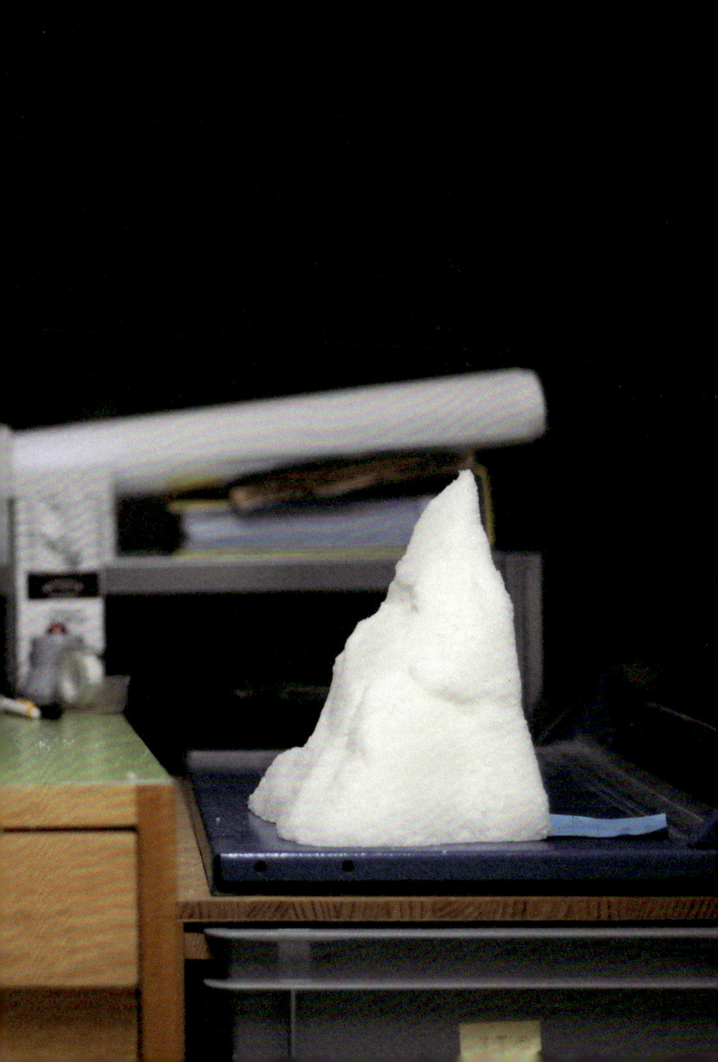

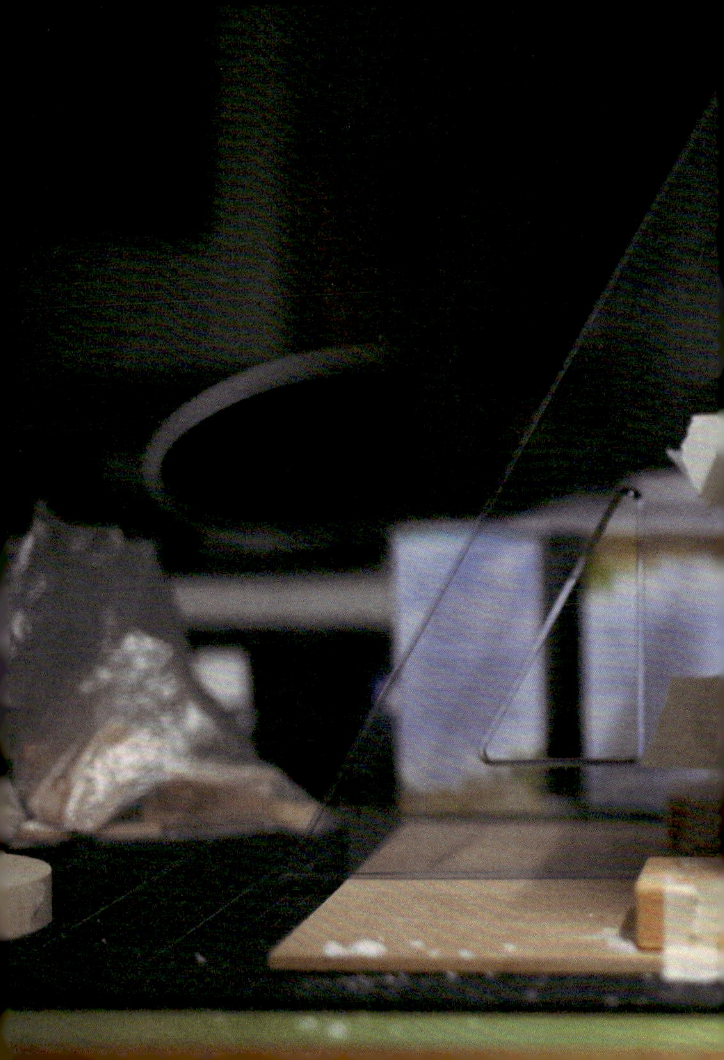

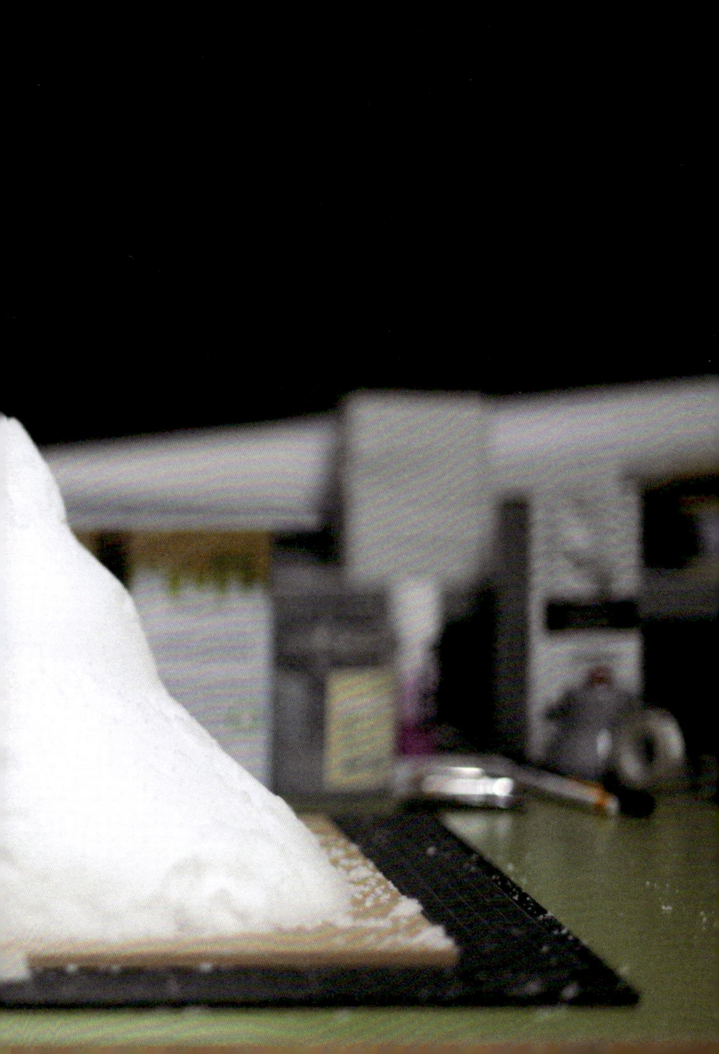

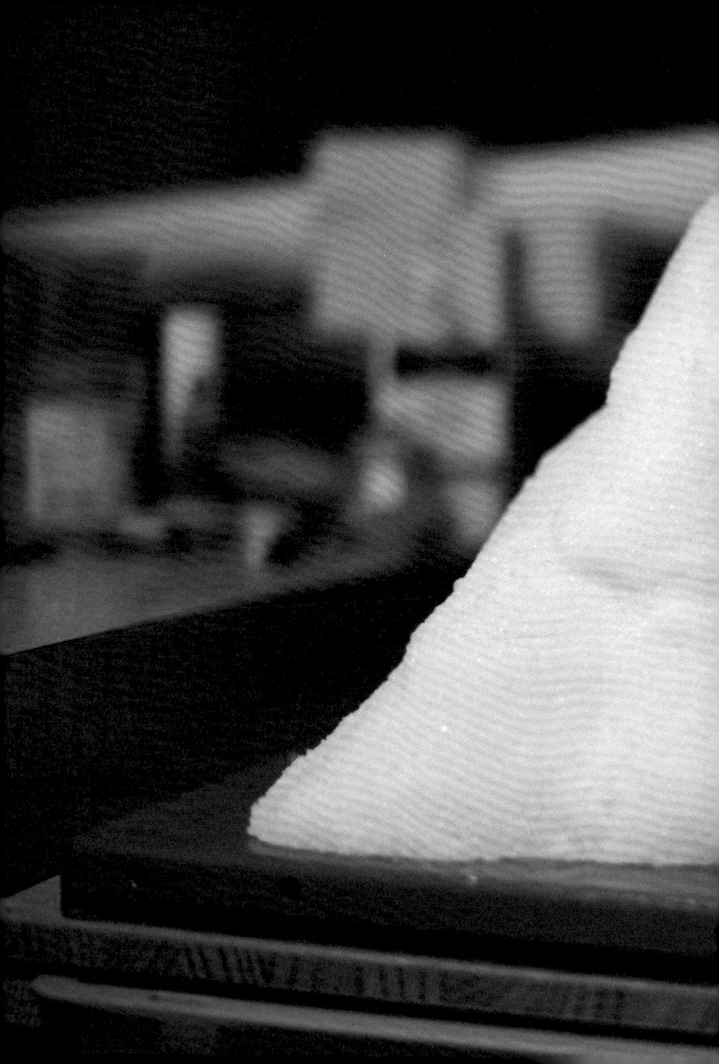

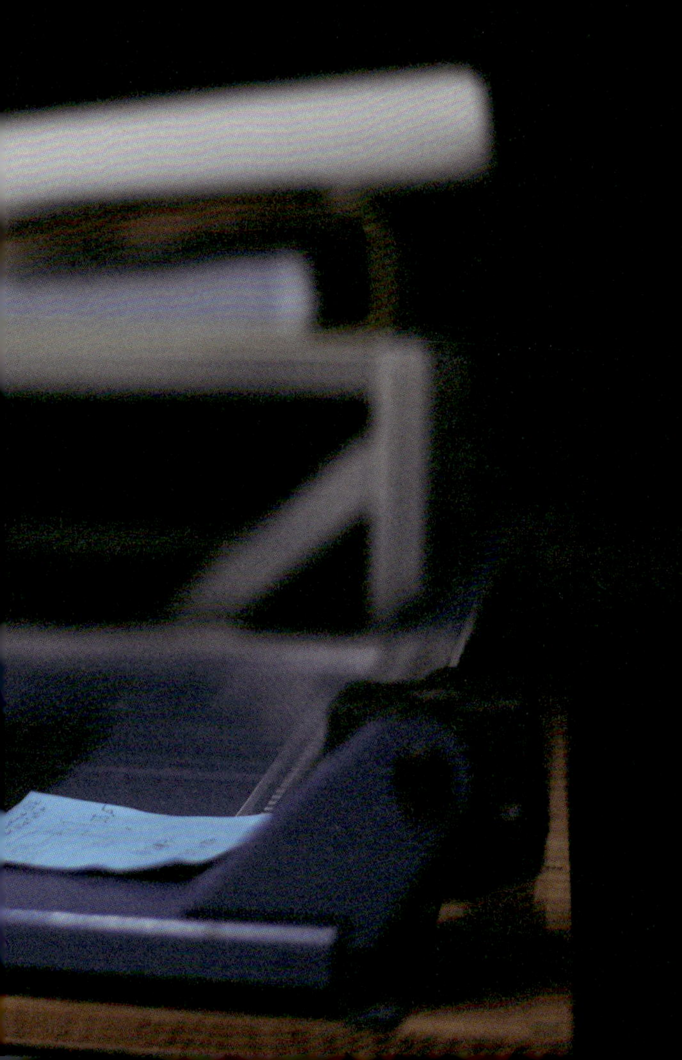

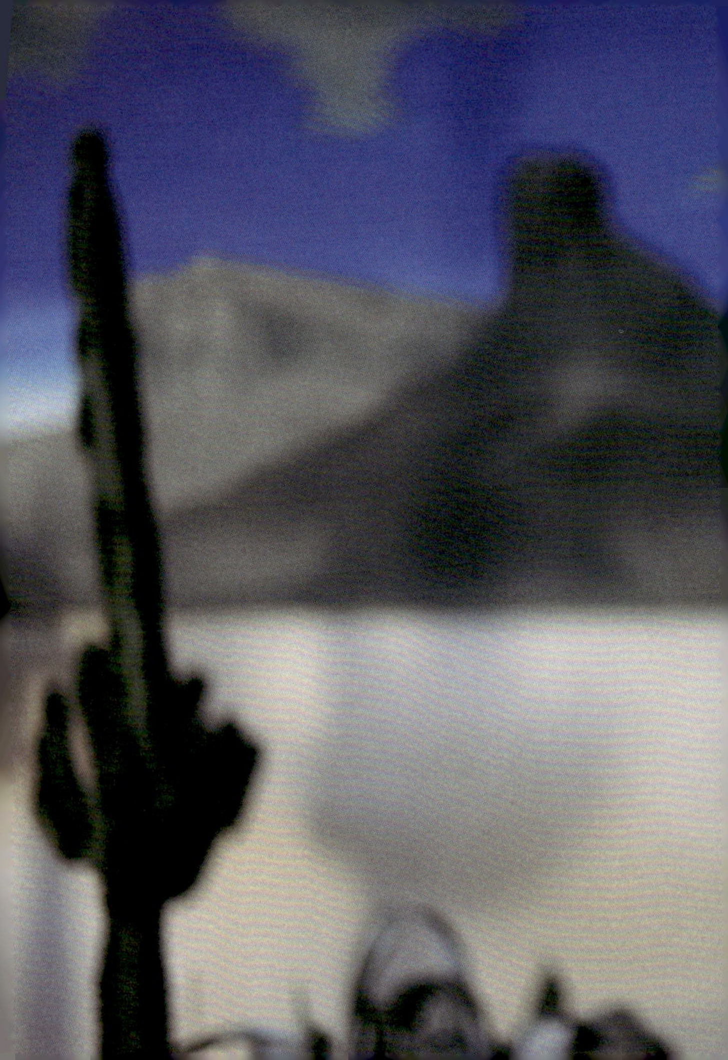

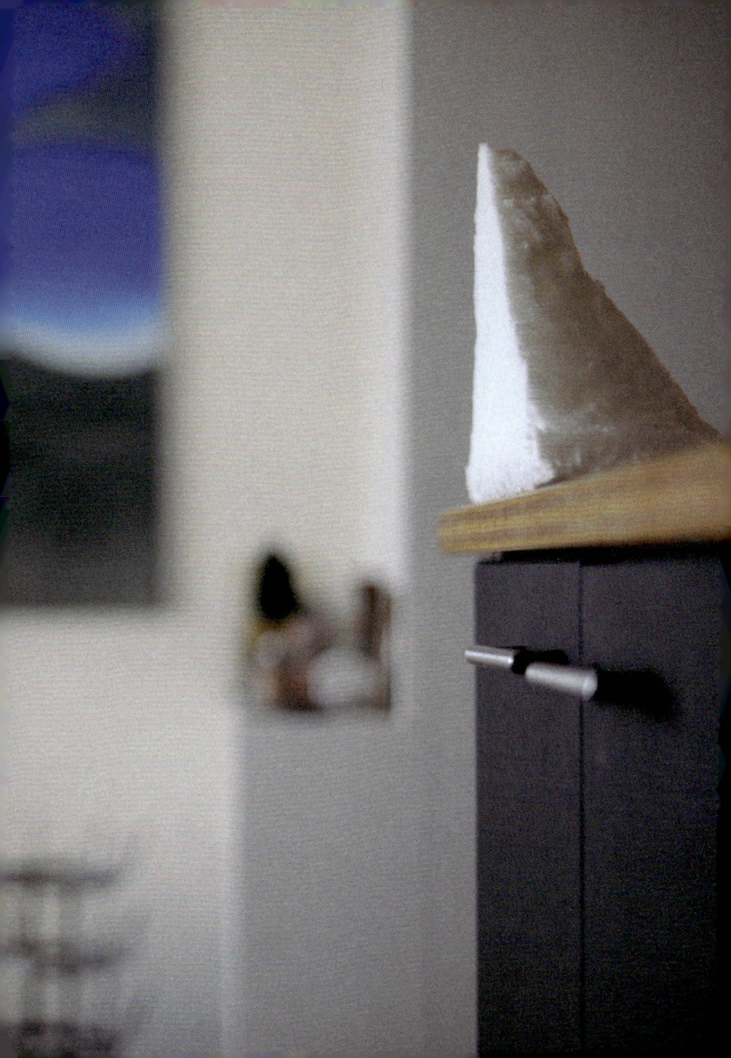

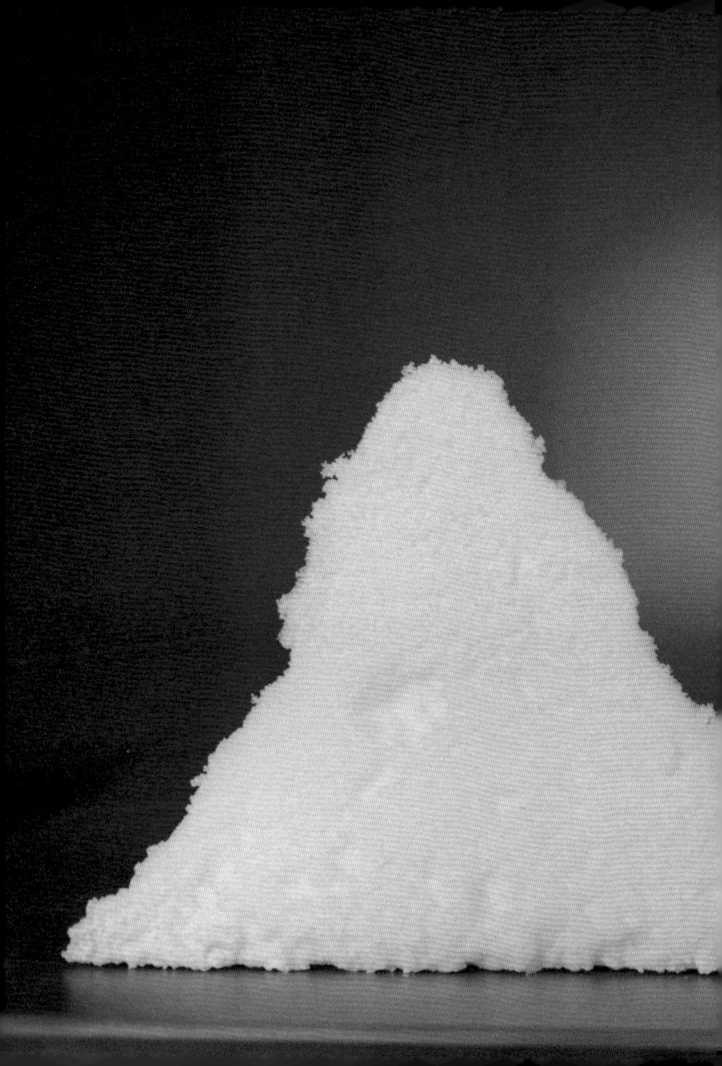

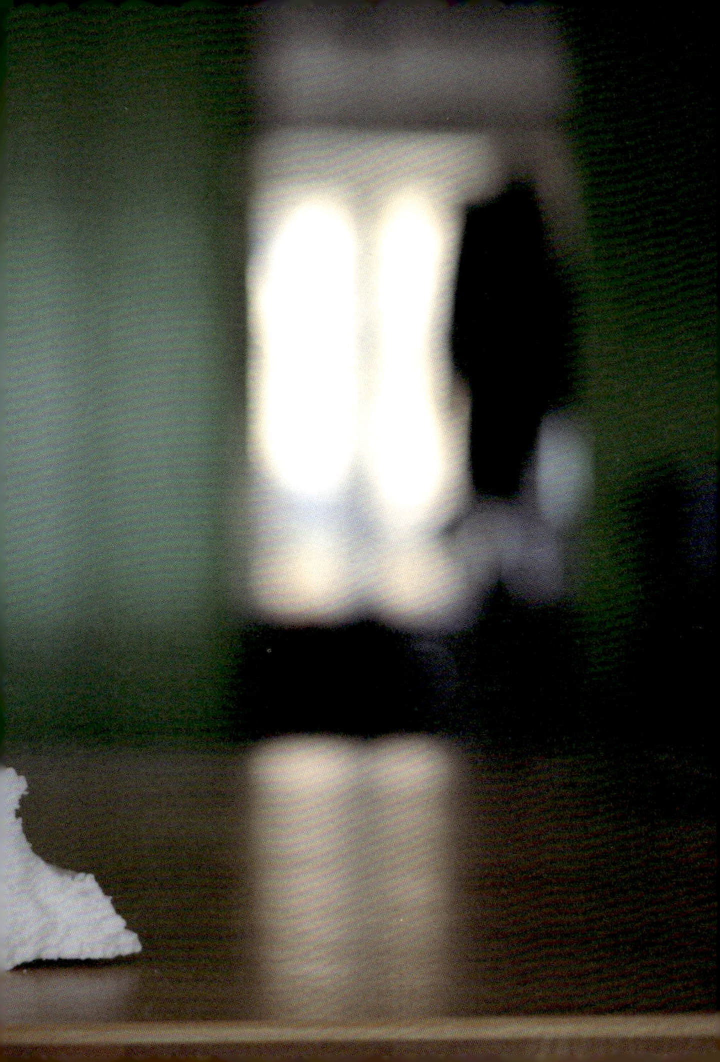

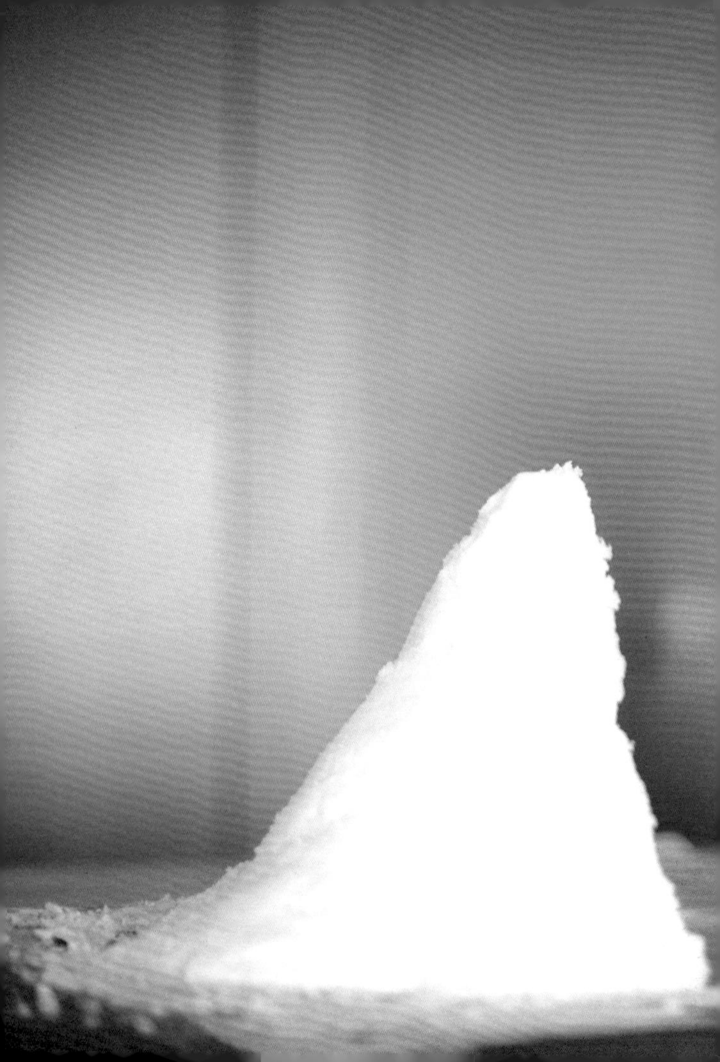

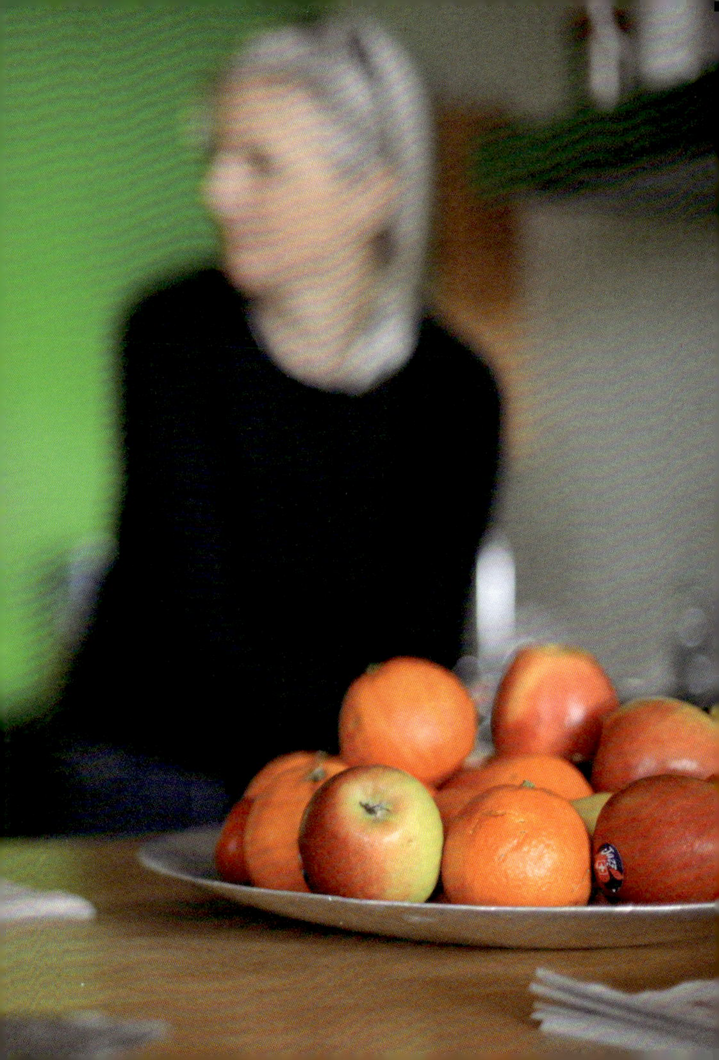

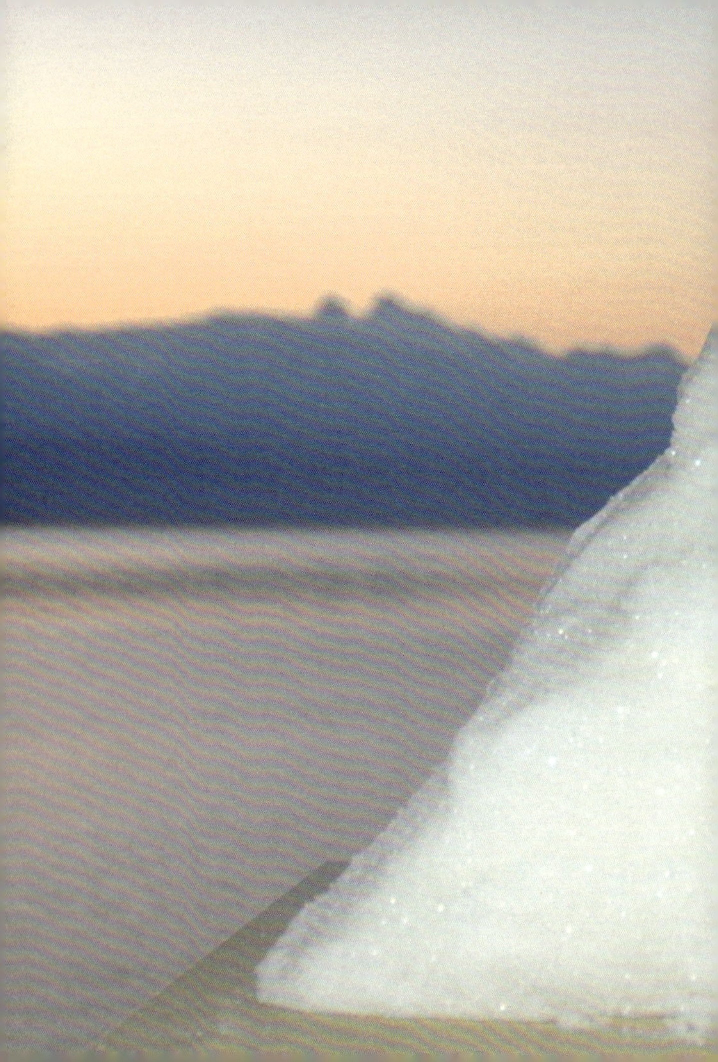

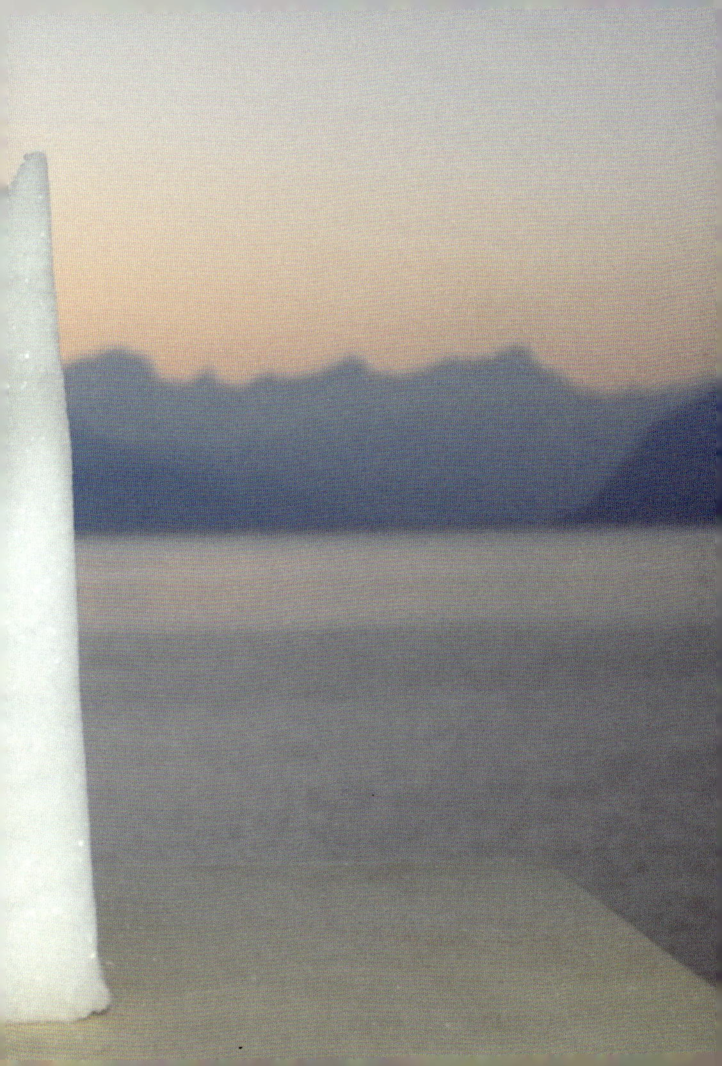

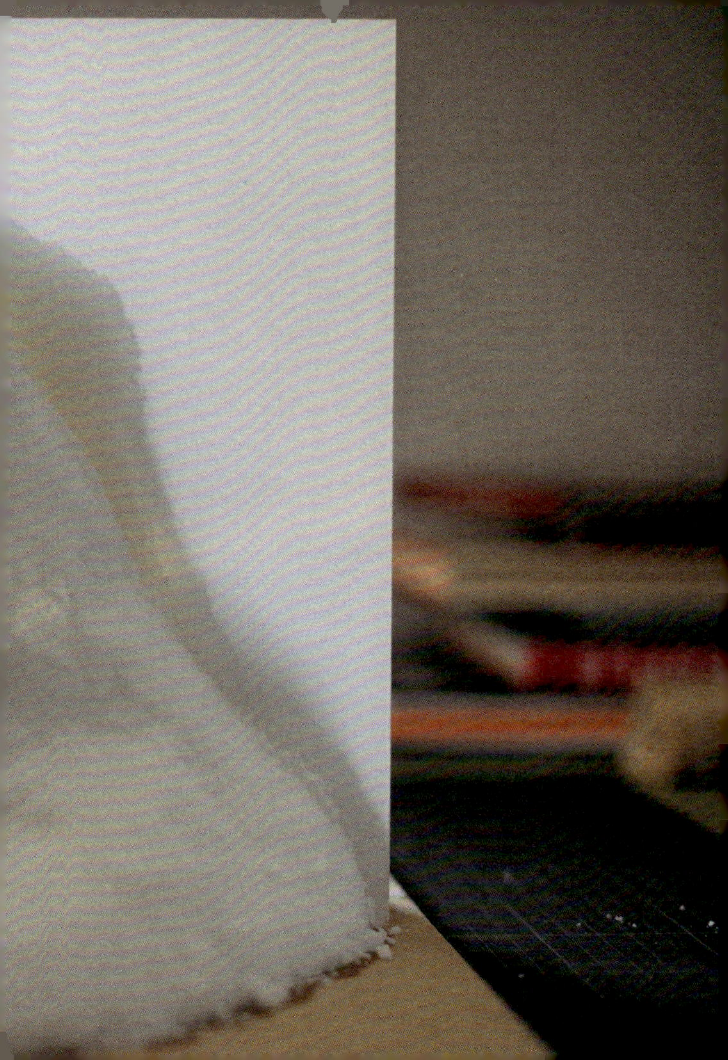

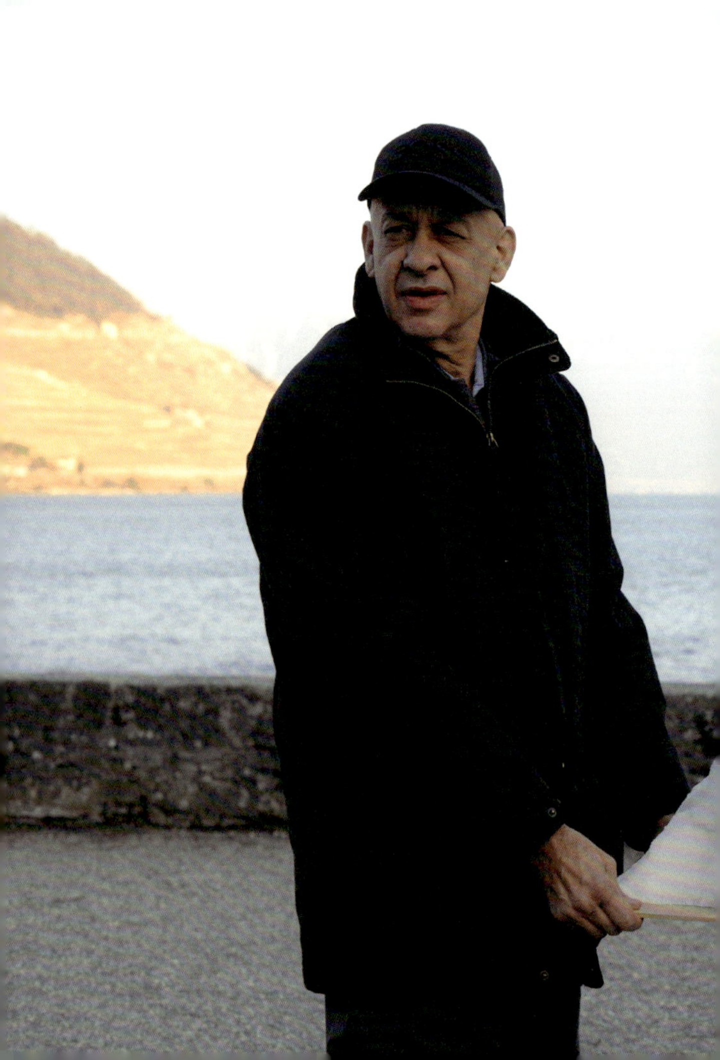

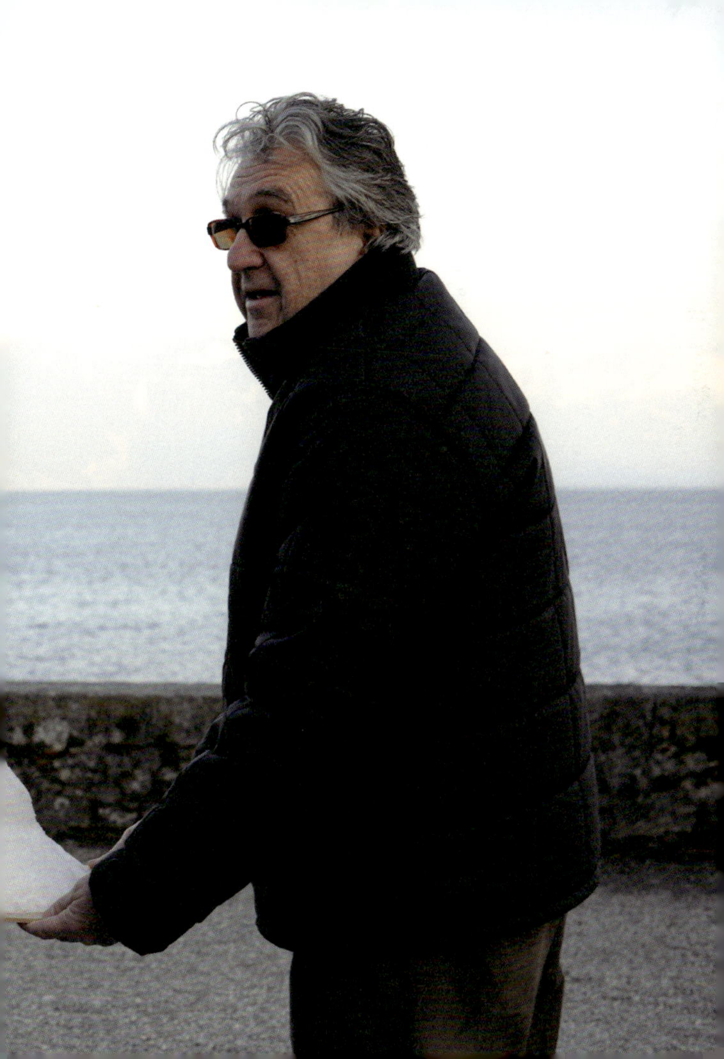

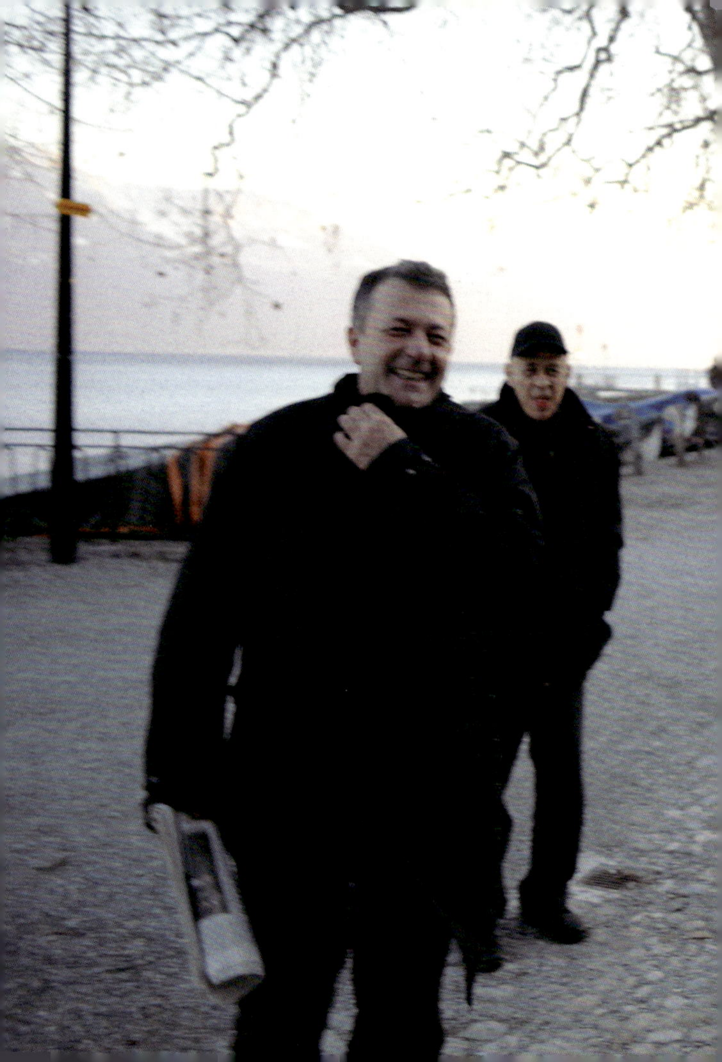

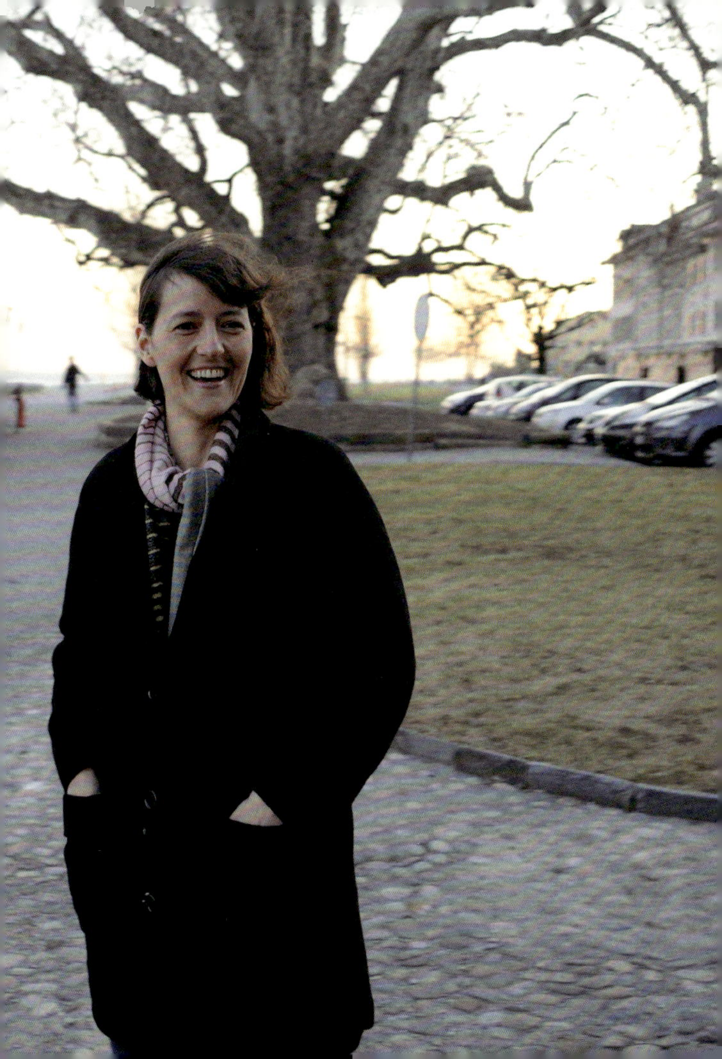

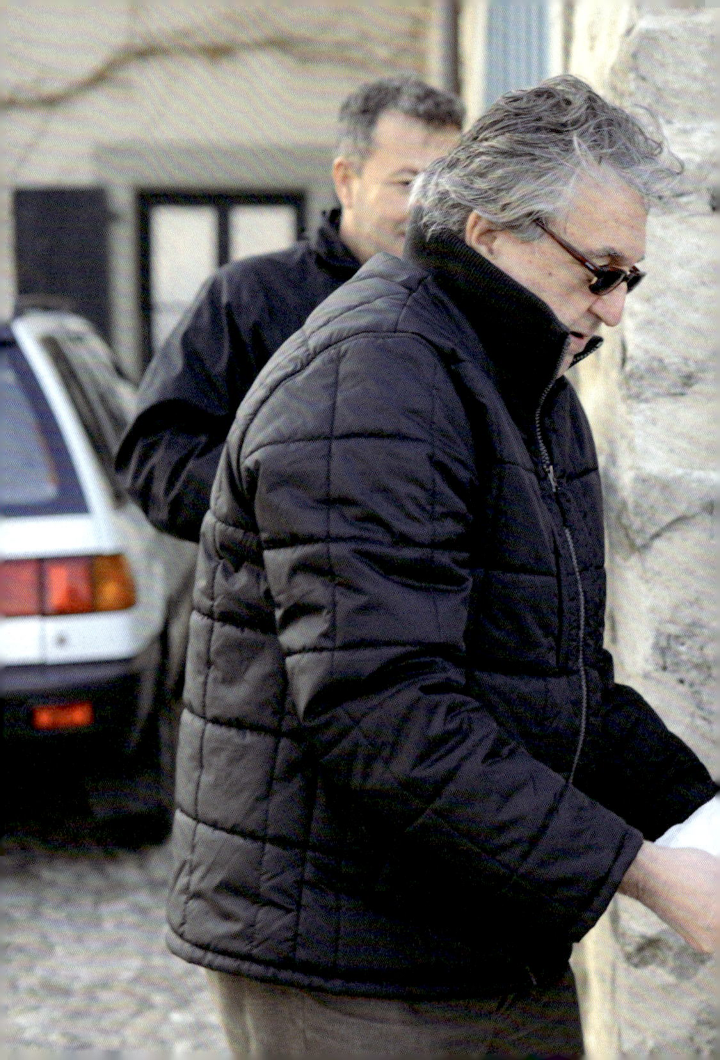

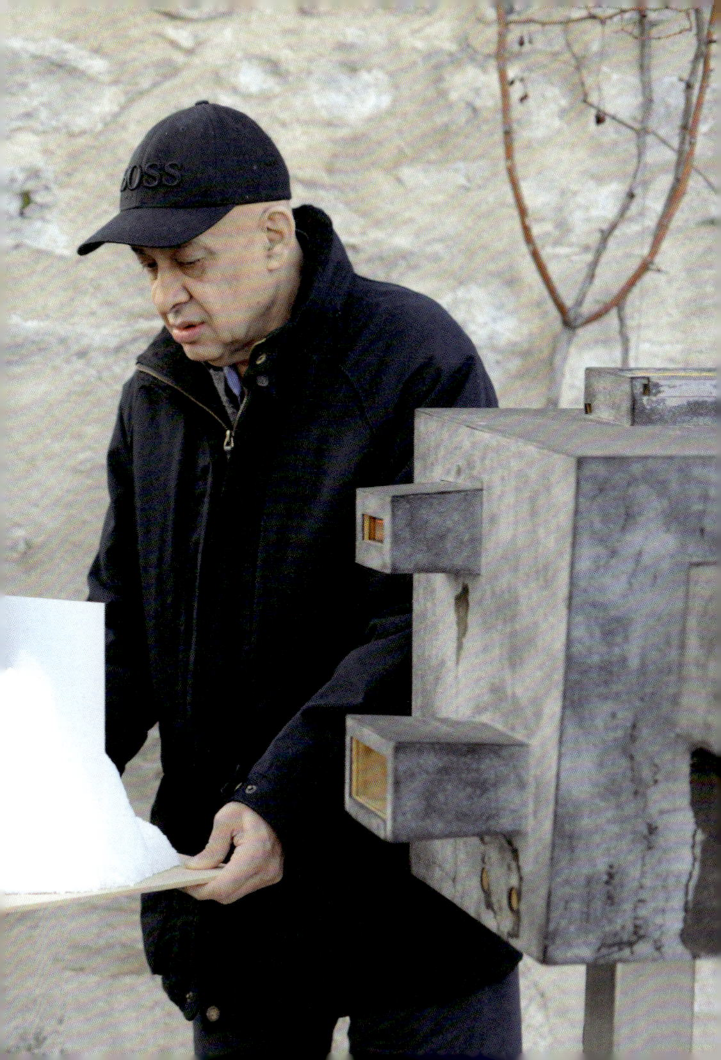

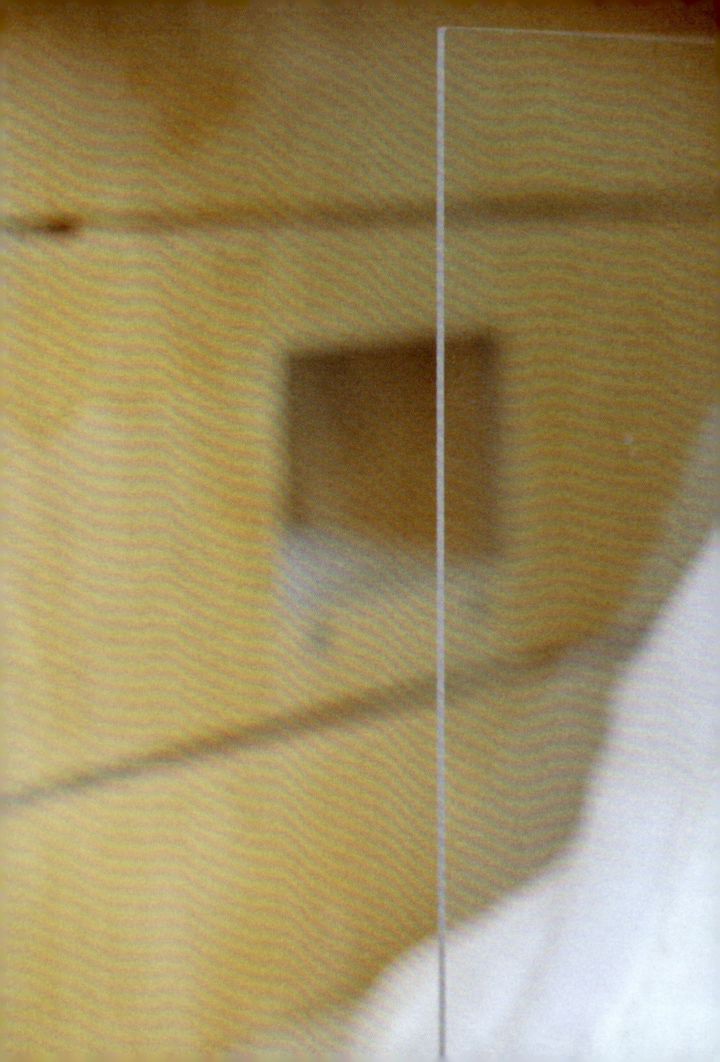

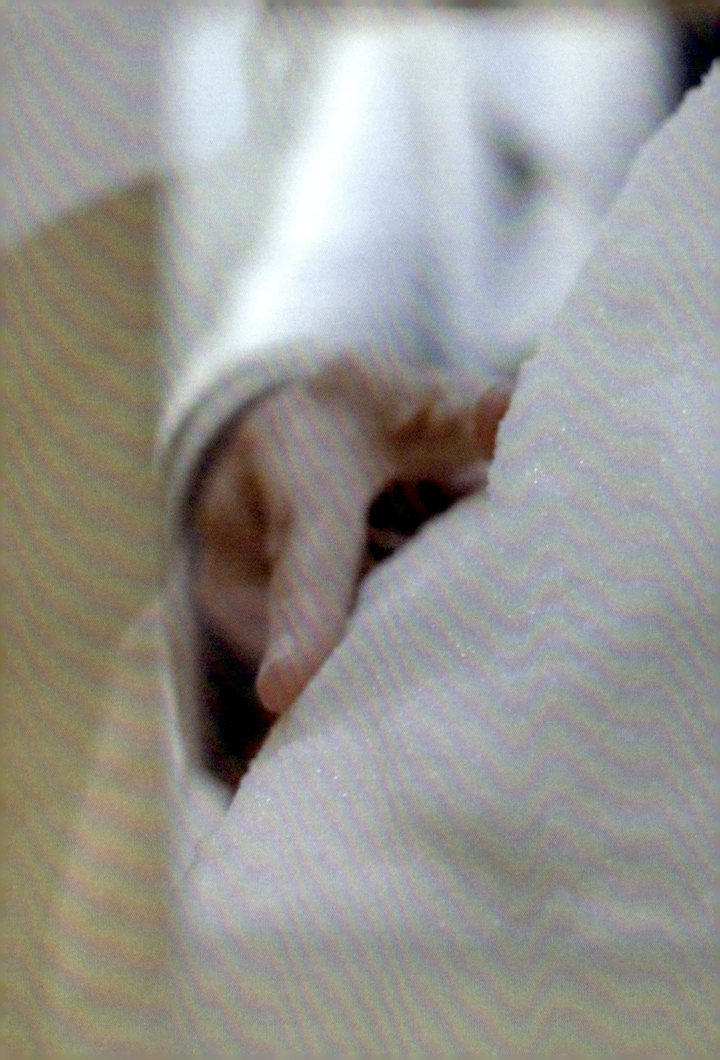

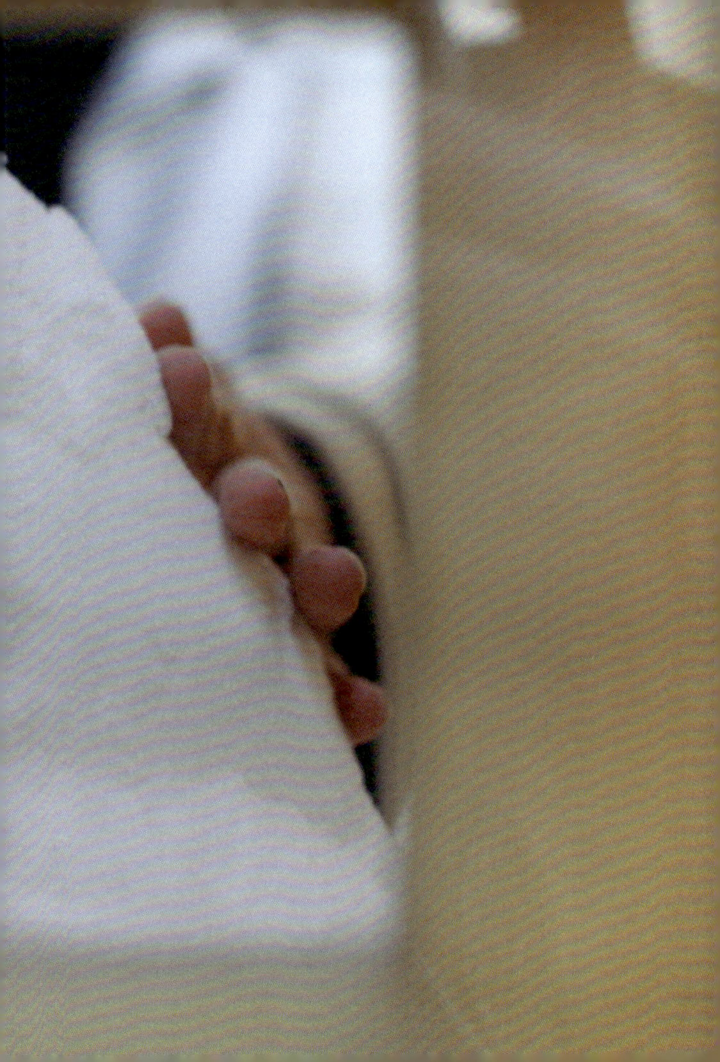

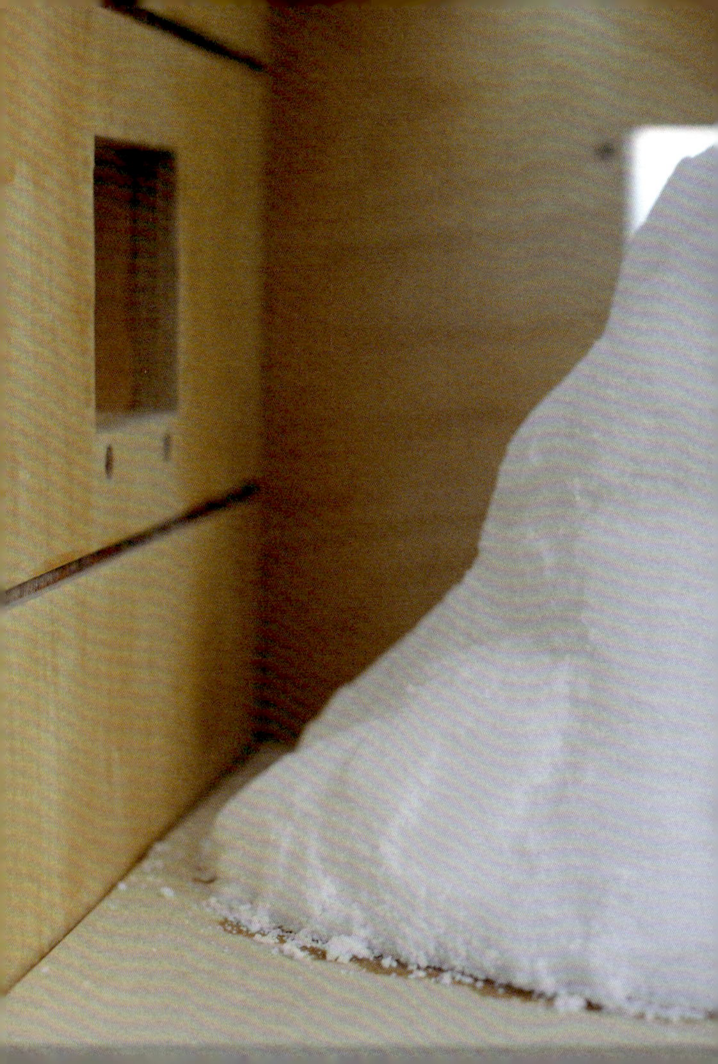

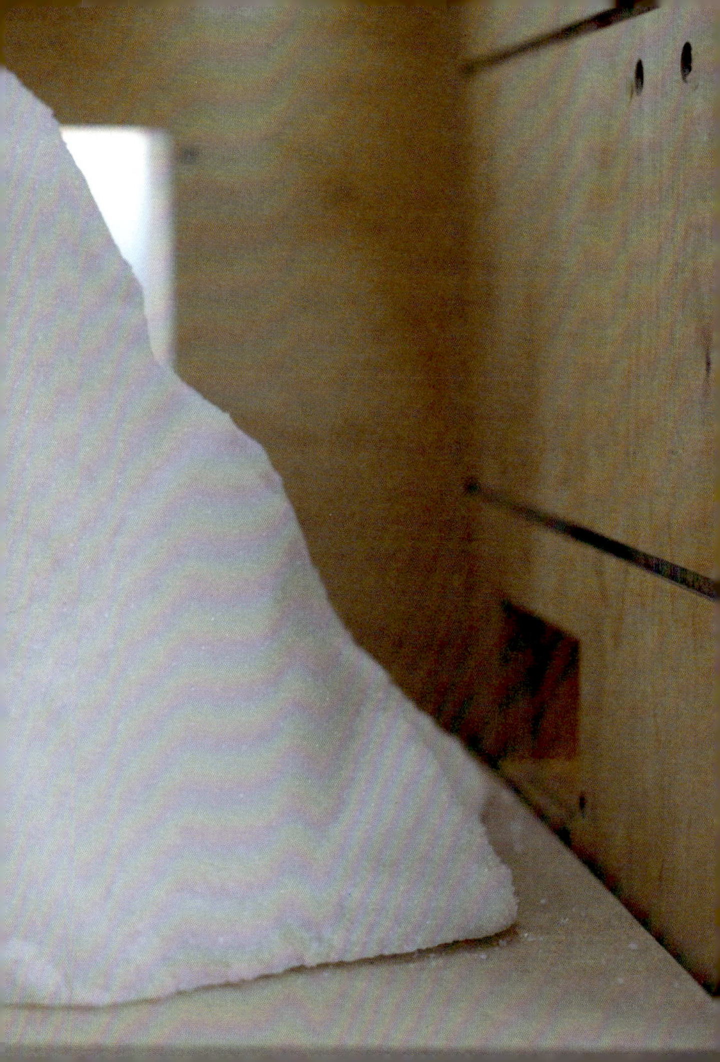

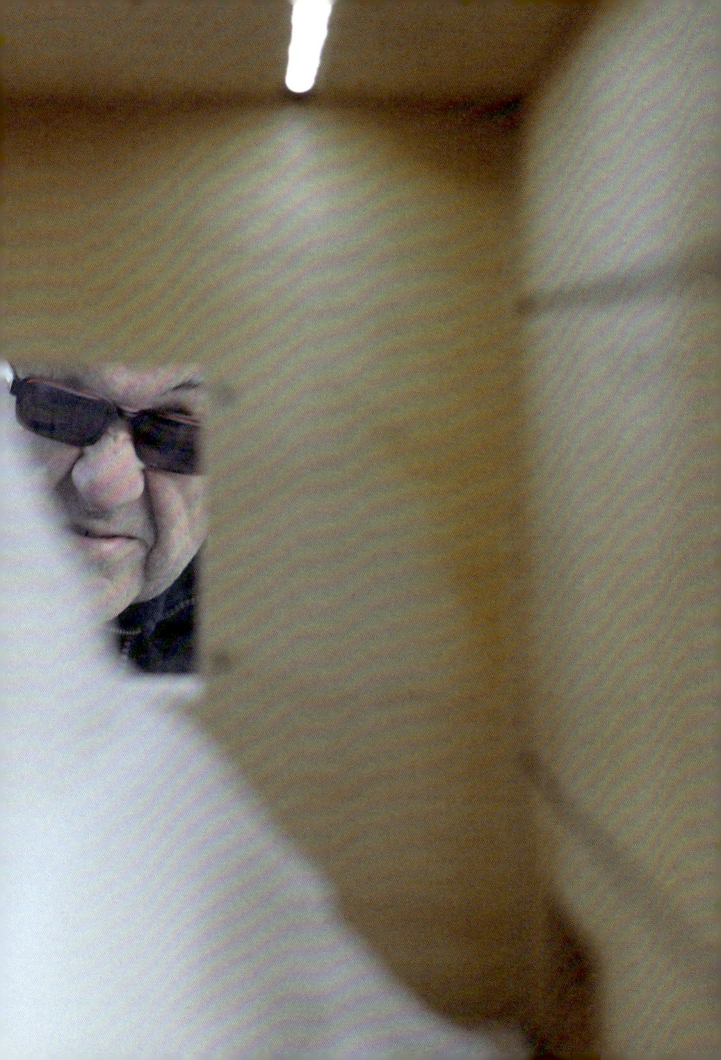

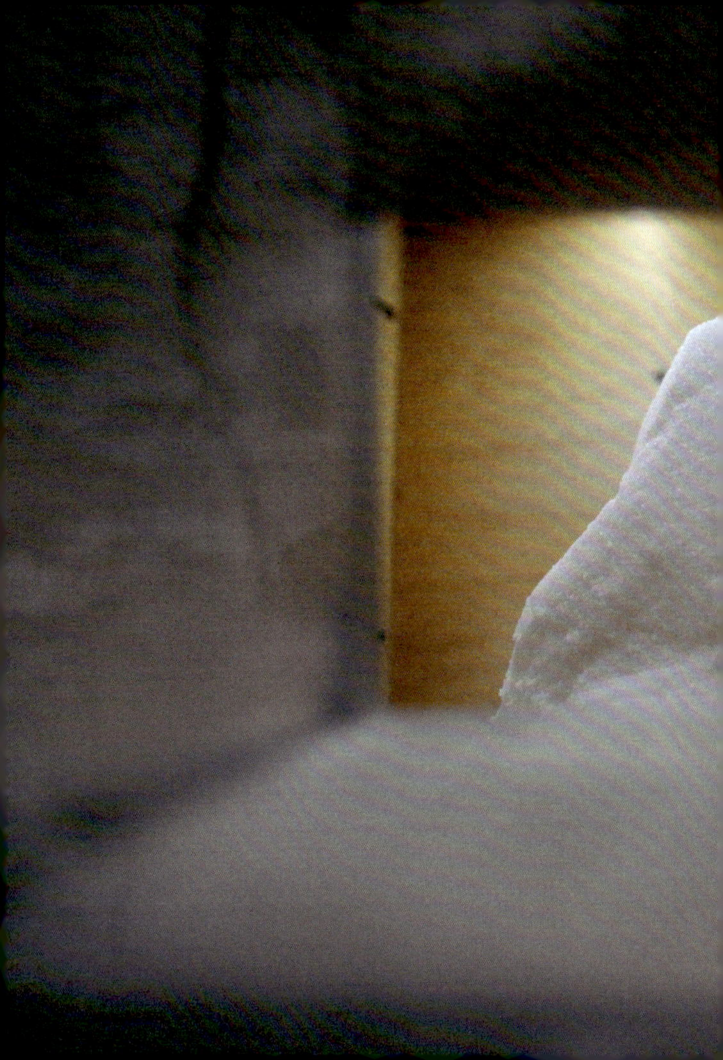

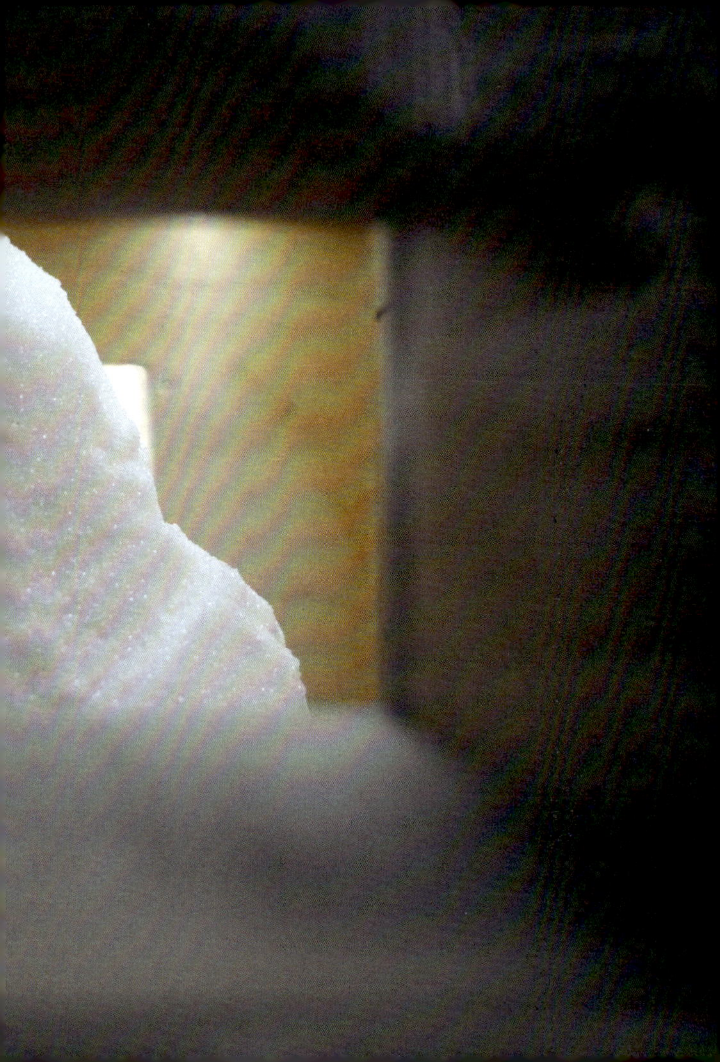

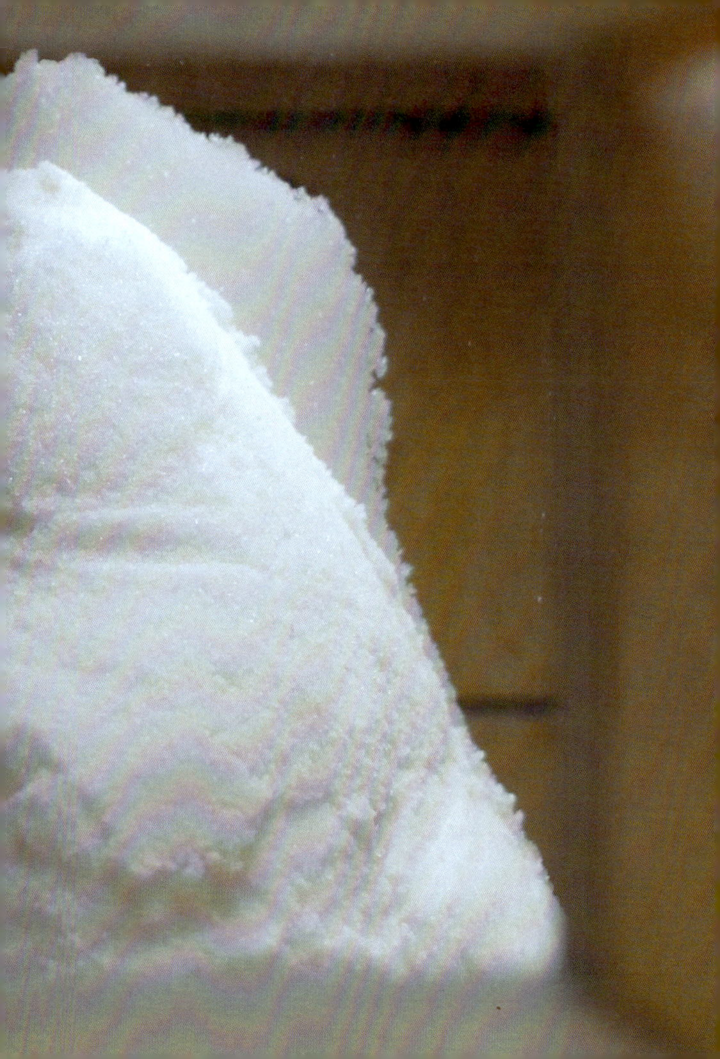

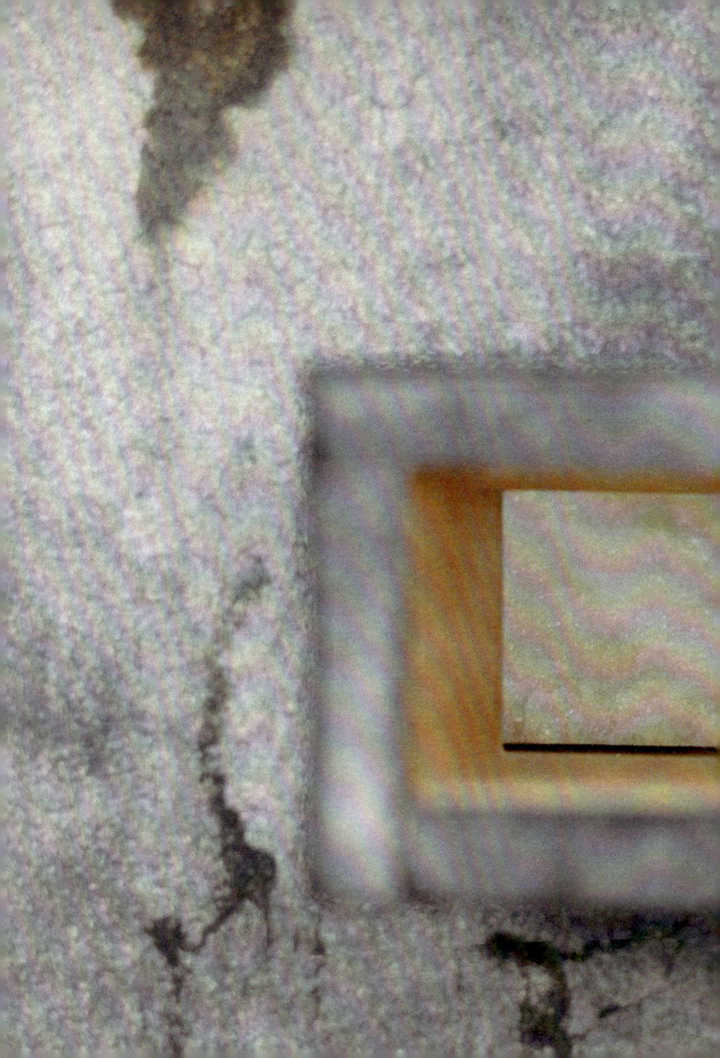

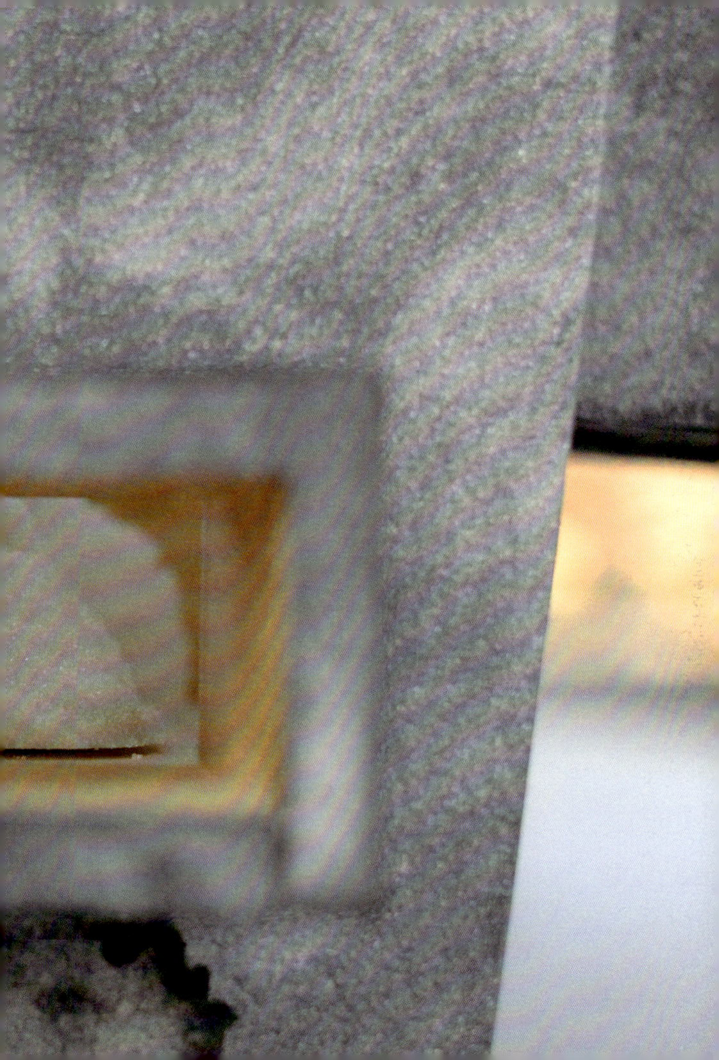

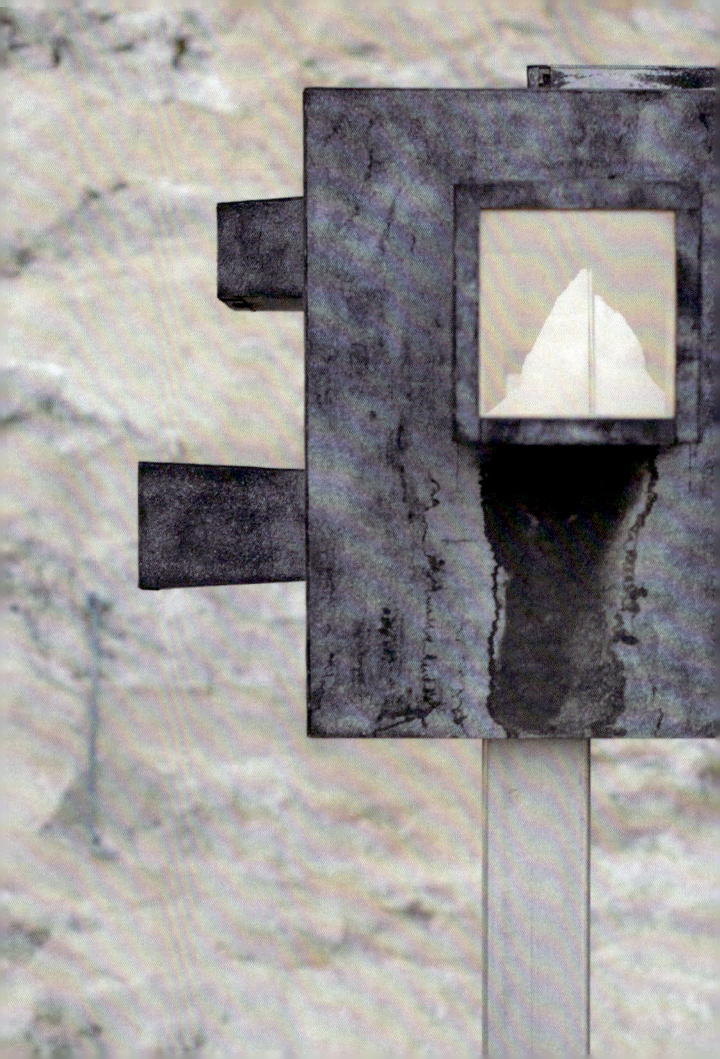

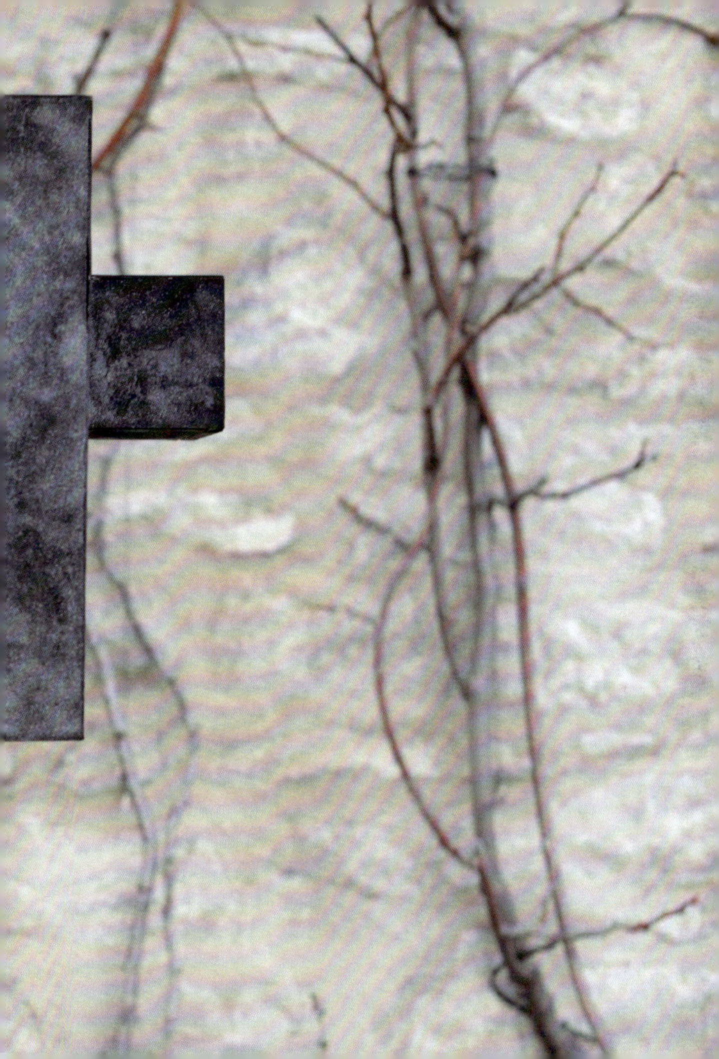

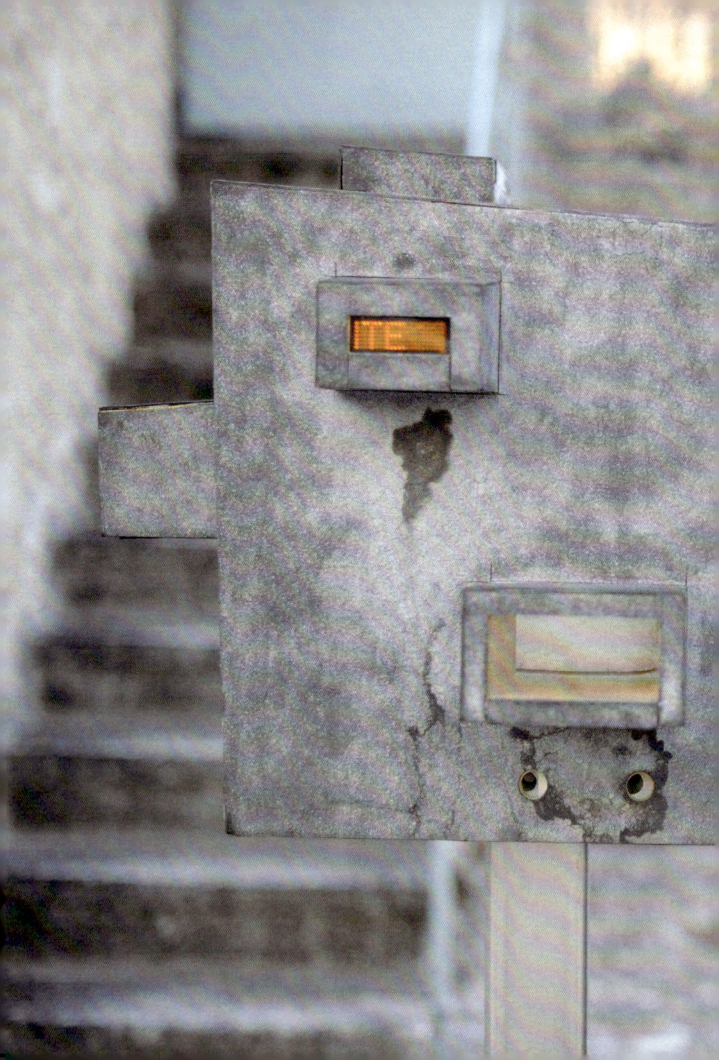

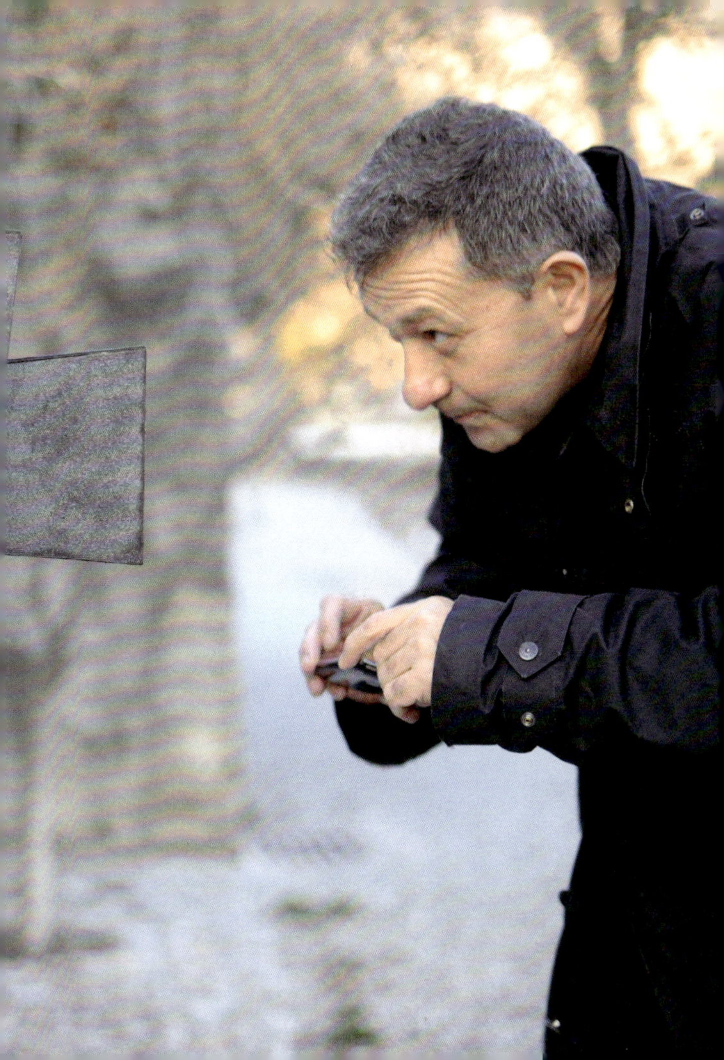

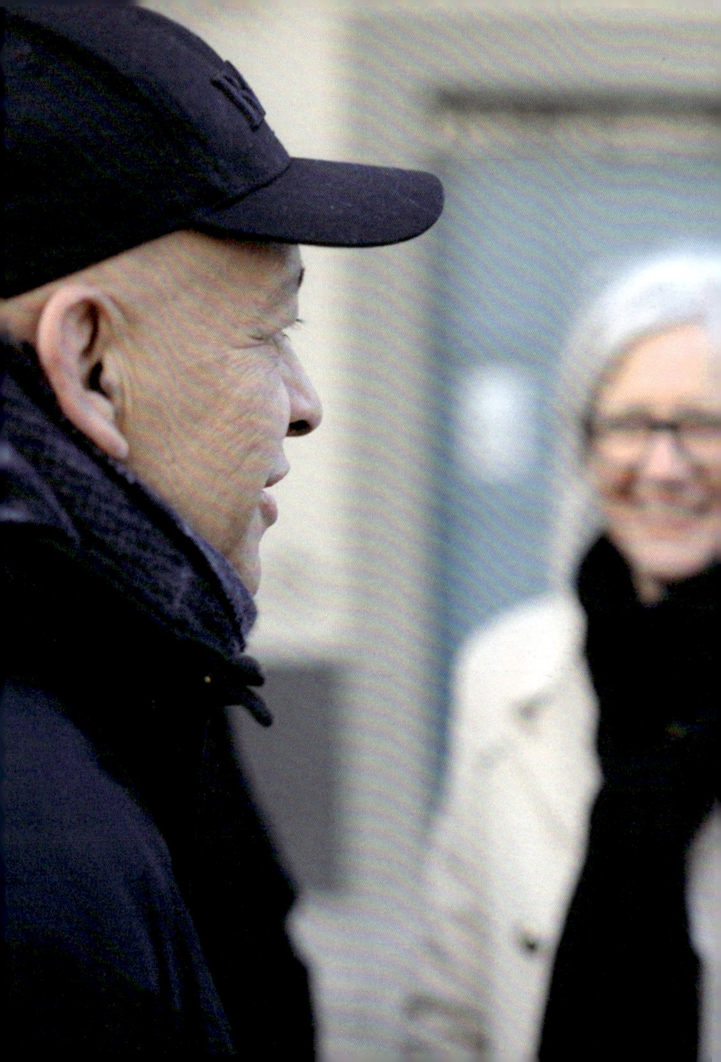

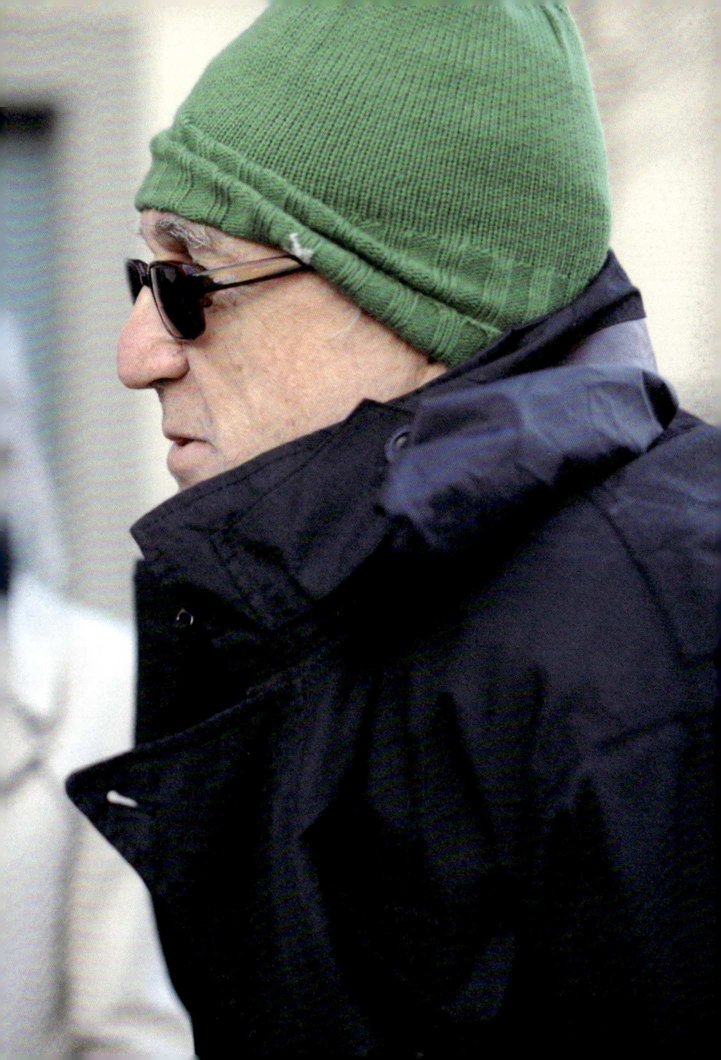

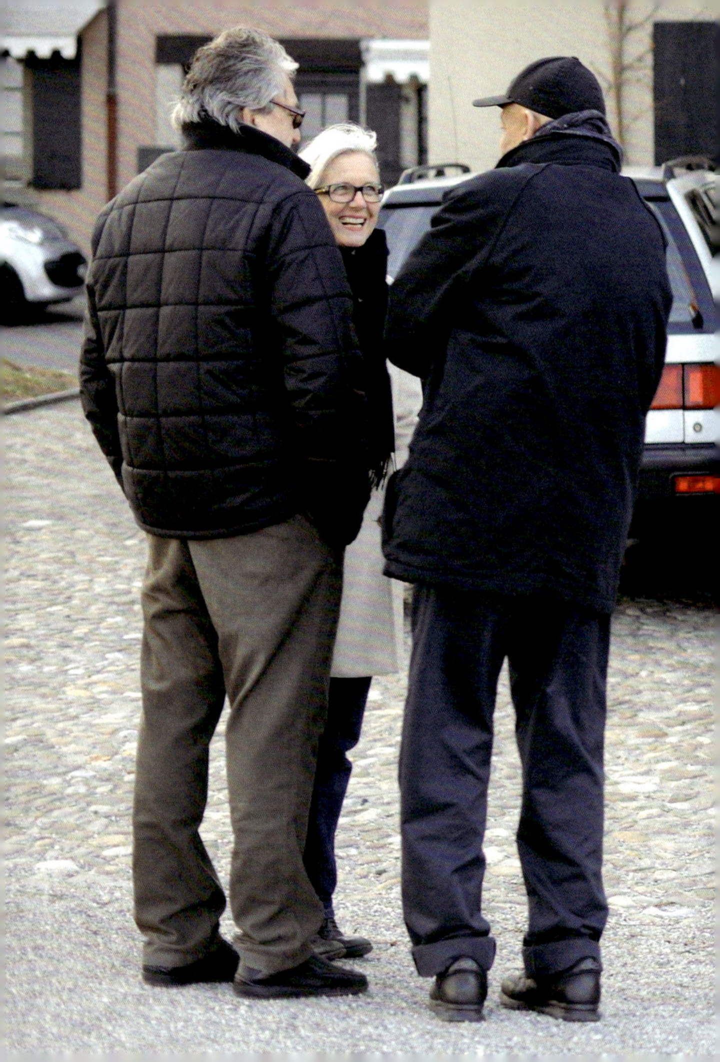

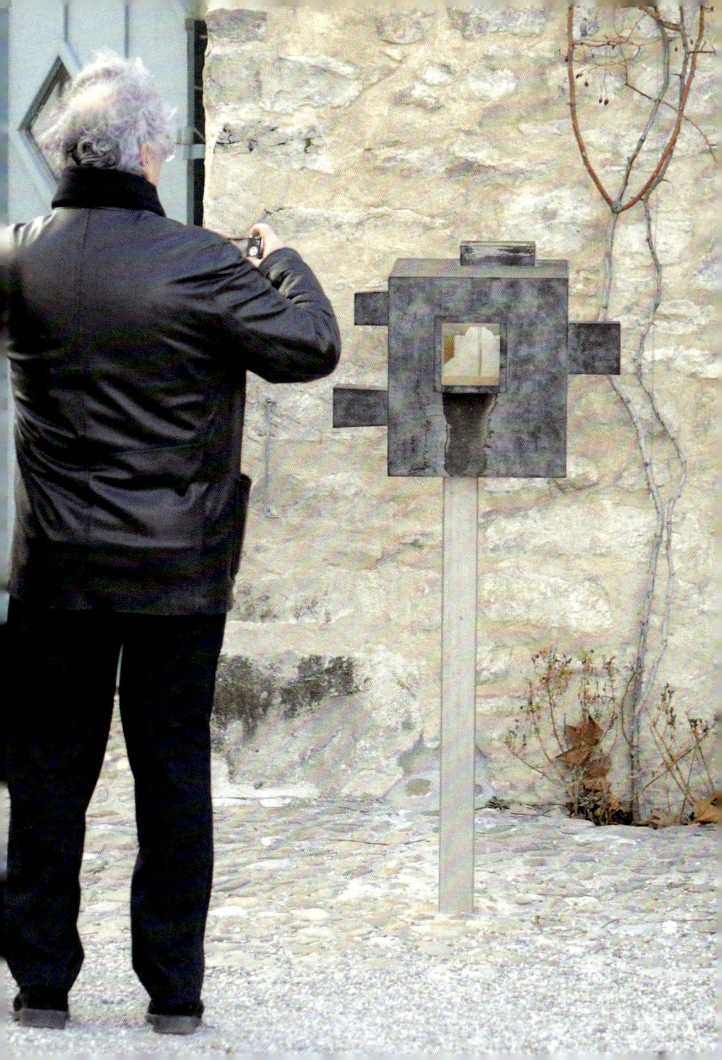

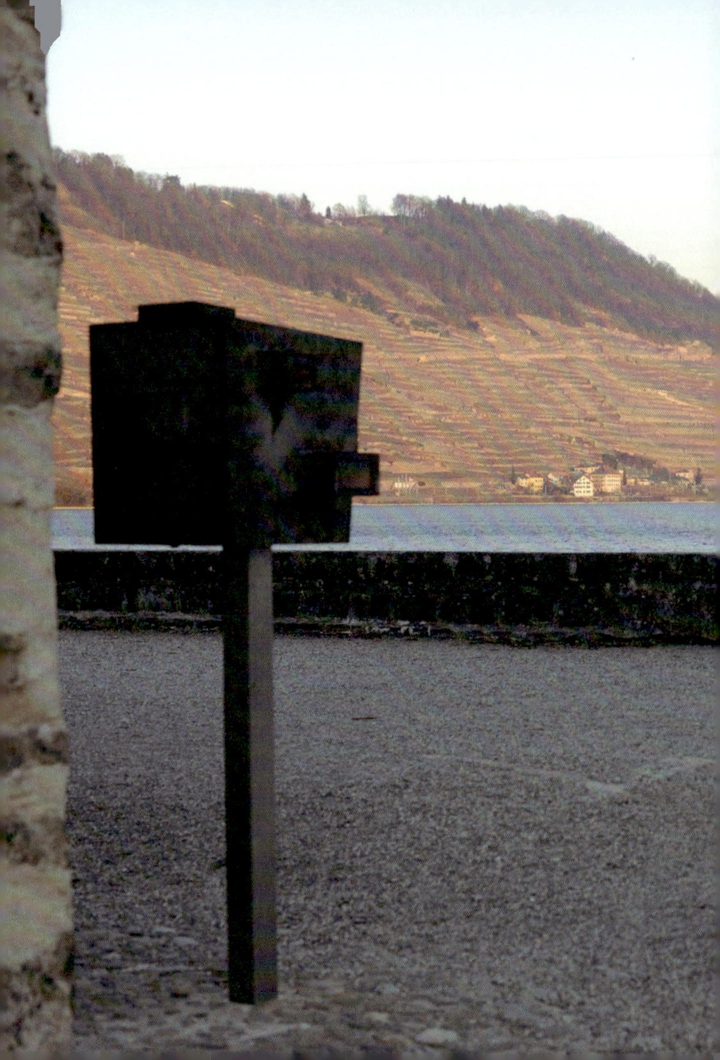

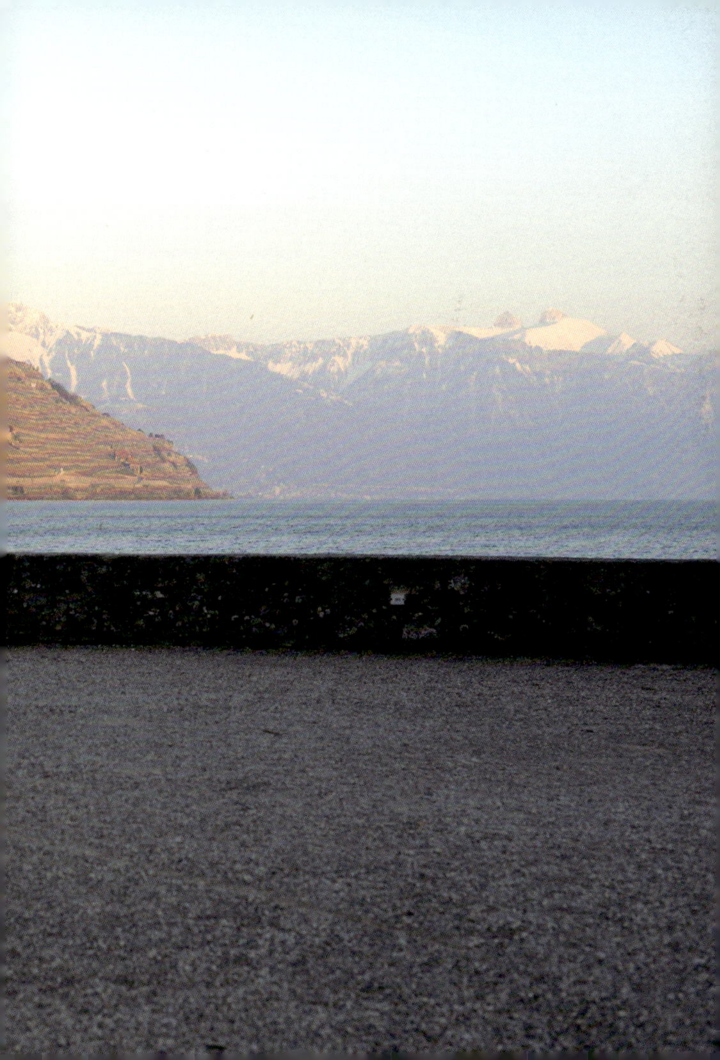

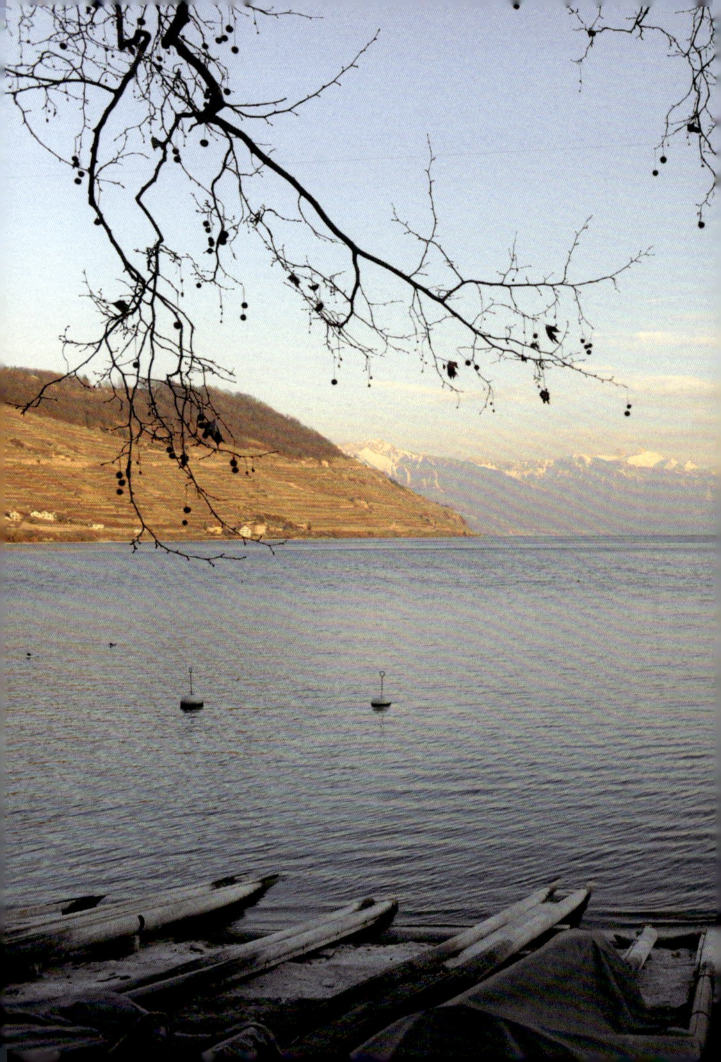

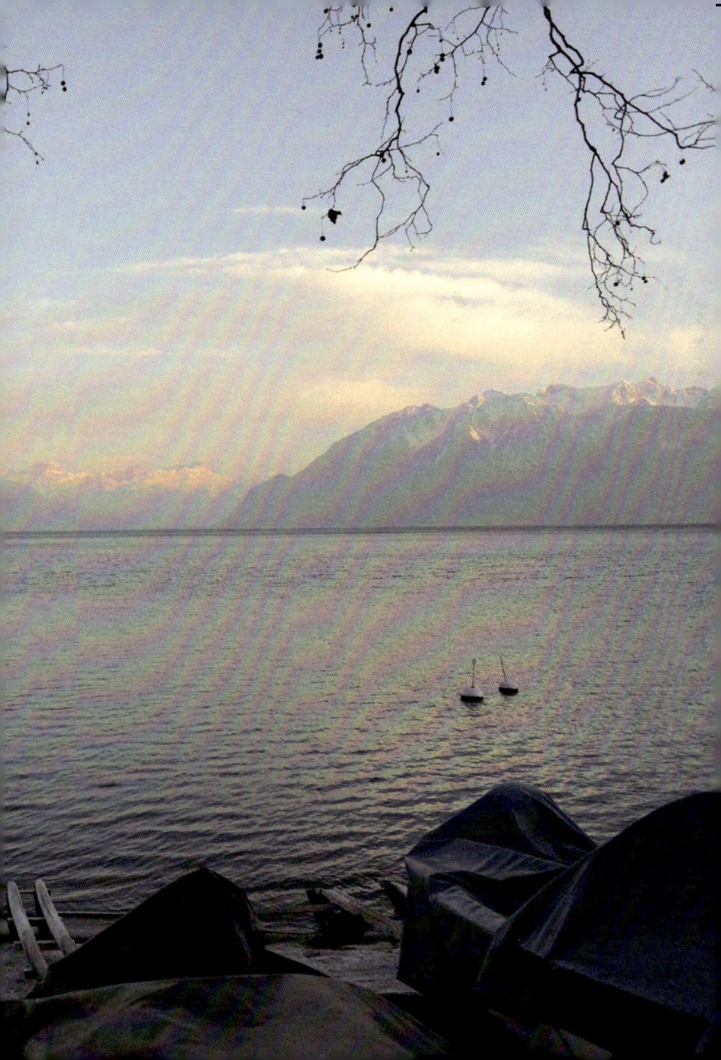

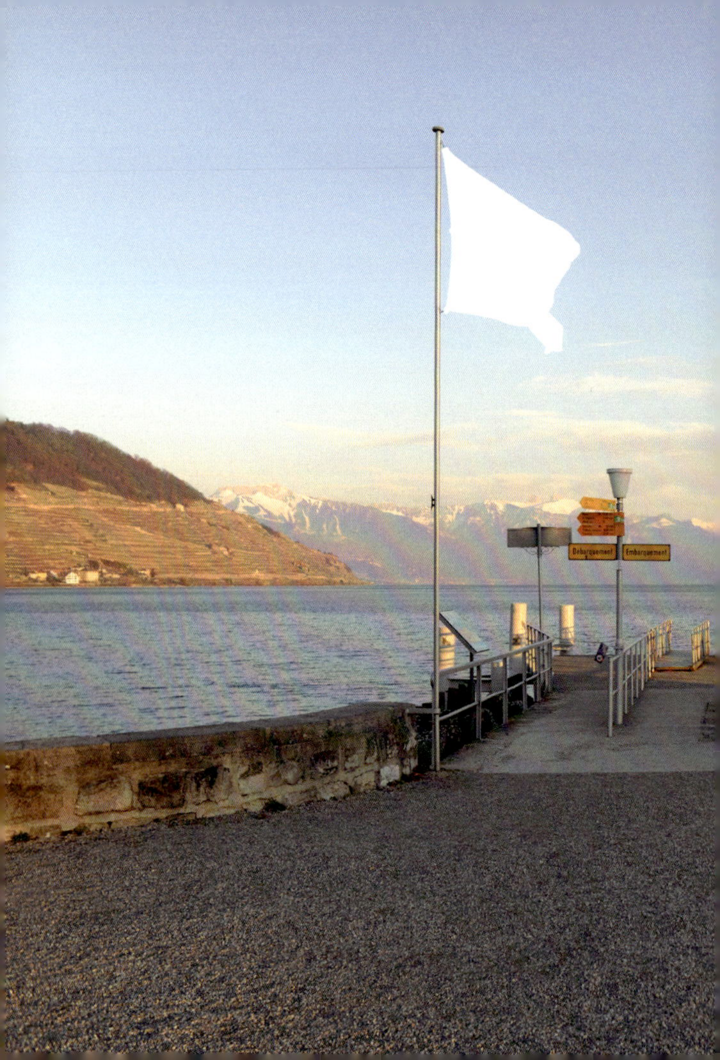

Débarquement
Embarquement

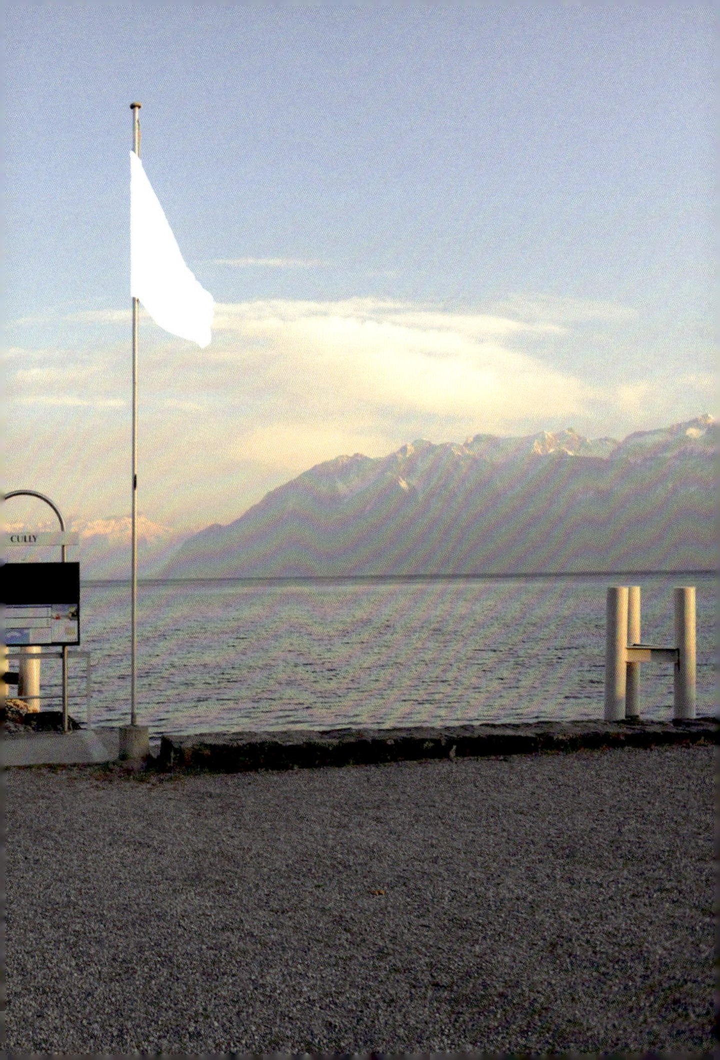
CULLY

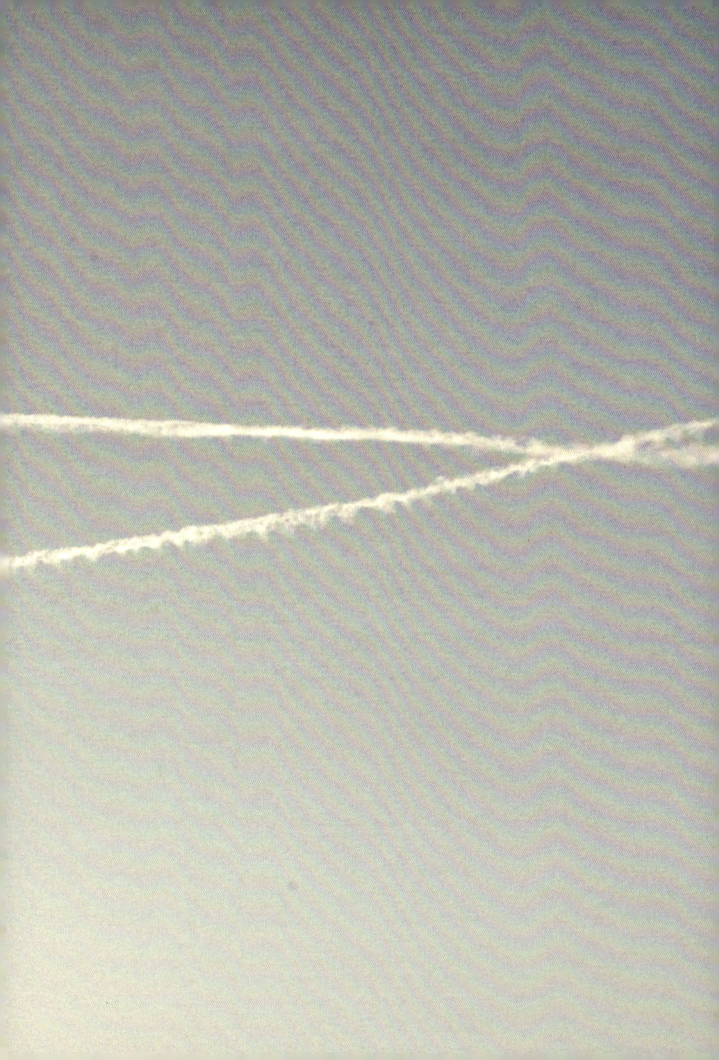

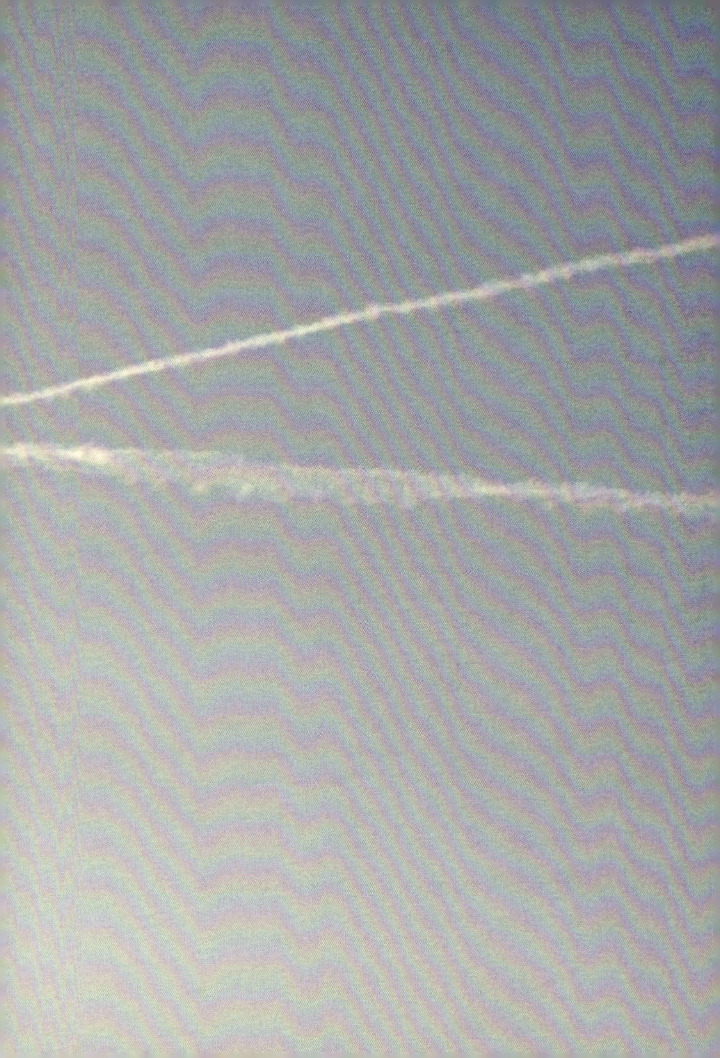

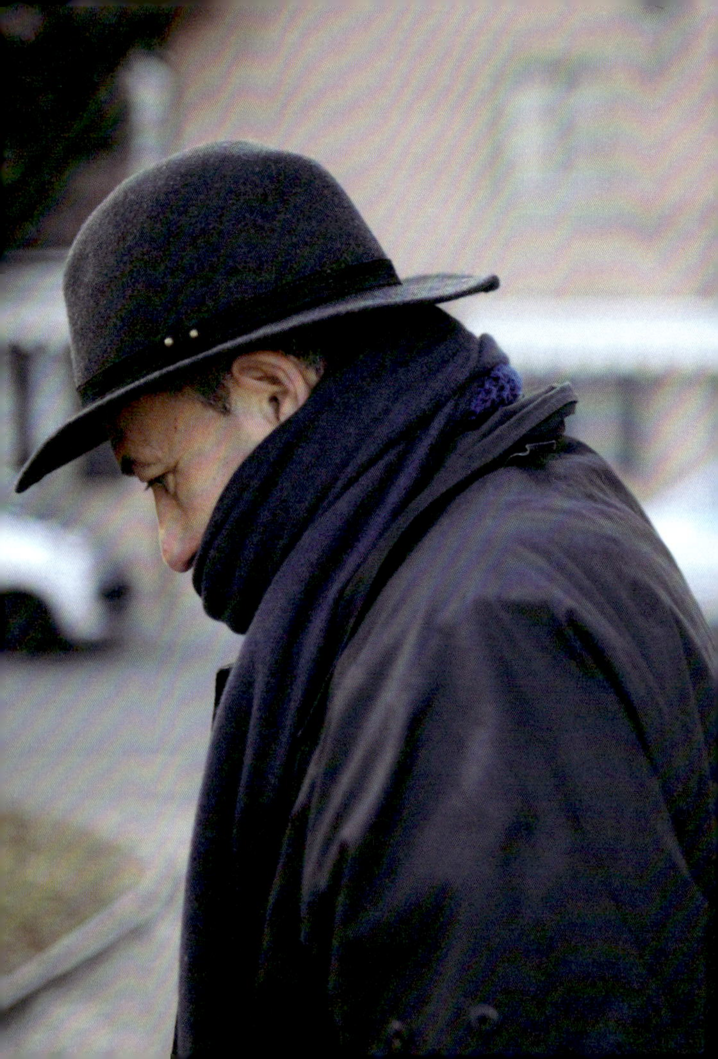

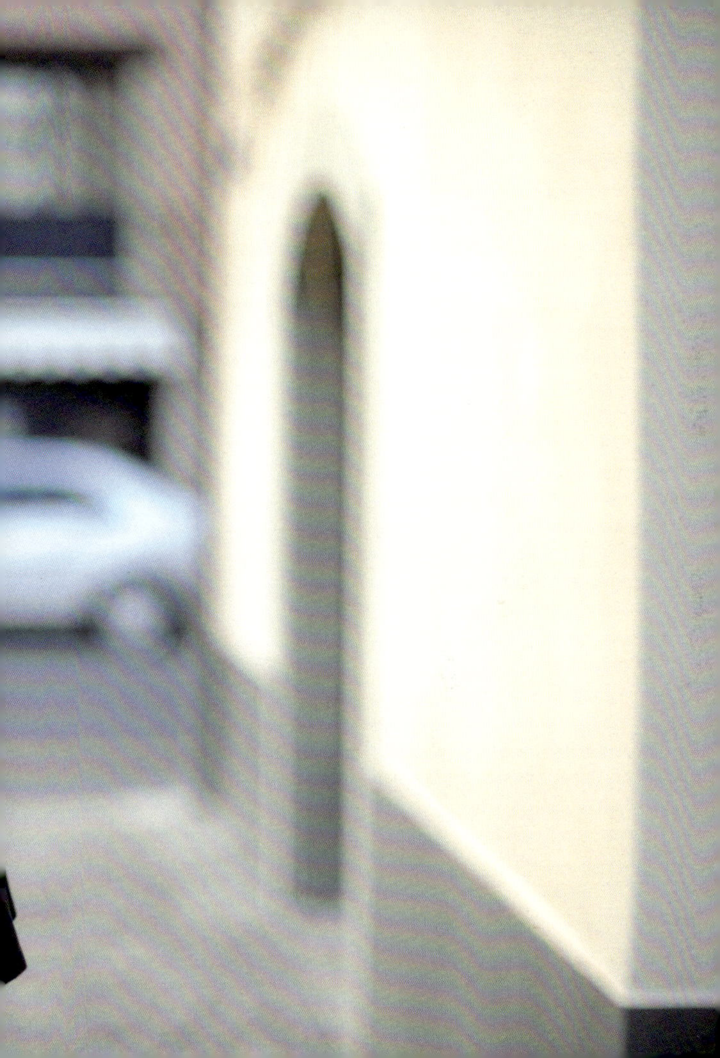

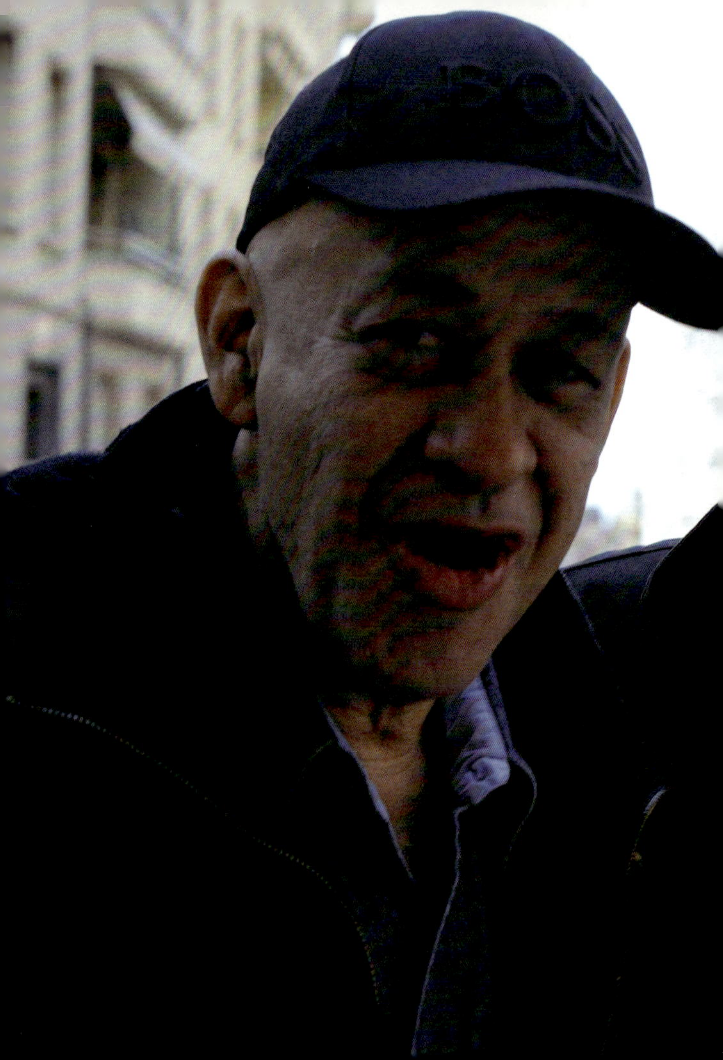

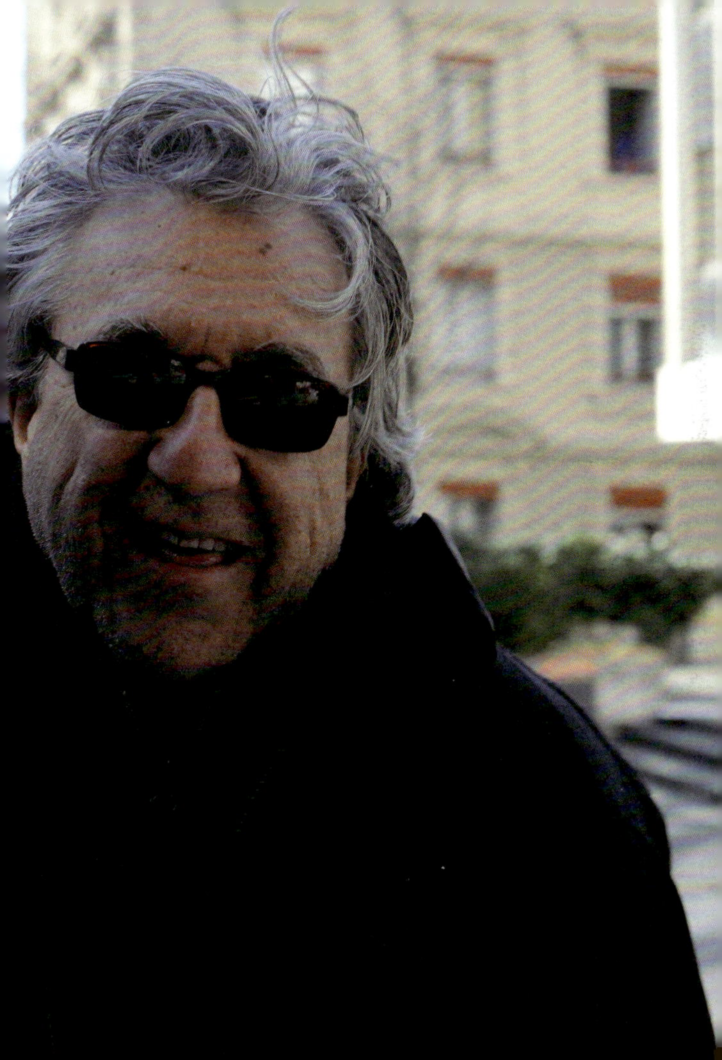

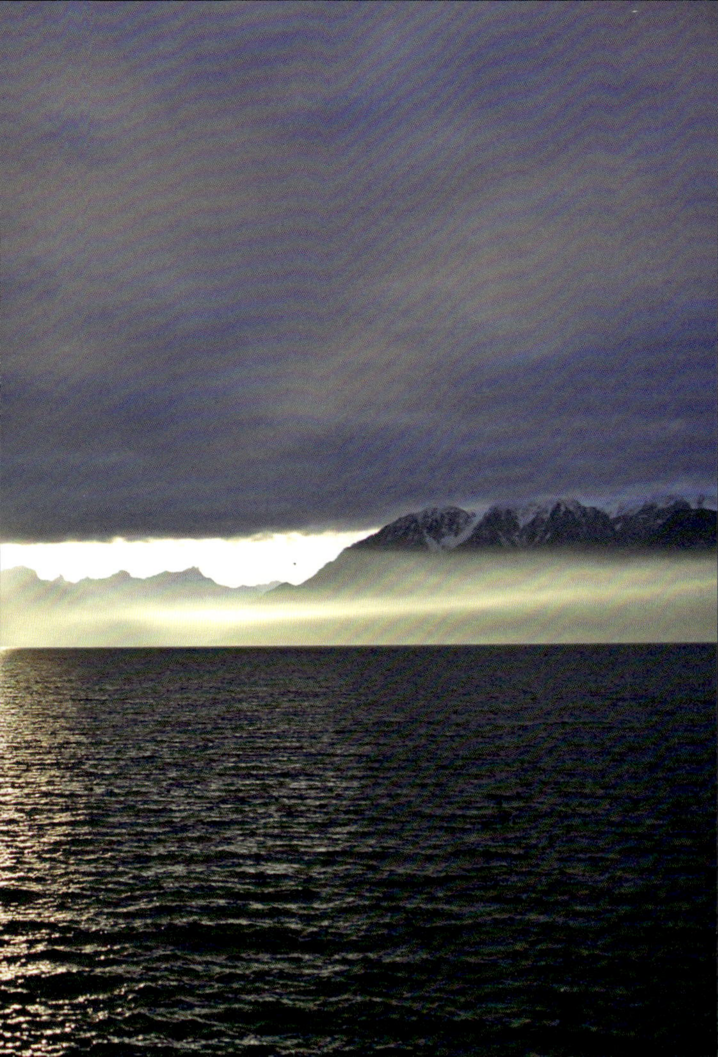

Iria Candela
THE WEIGHT OF THE MOUNTAINS

Let no one delay the study of philosophy while young or weary of it when old. No one is too young or too old to cultivate the health of the soul.[1]

It is no coincidence that the work *Salt and Sugar... No Sugar, No Salt,* created specially for the Kunsthalle Marcel Duchamp by the artists Cildo Meireles and Antoni Muntadas, was produced in a kitchen. The spectator observing this little installation *in situ*, on the shores of the idyllic Lake Geneva, cannot help but think of the three basic components of all cooking: ingredients, quantities, and time. The ingredients are already present in the dialectical title of the piece, in which salt and sugar, substances essential to human nutrition, constitute a tiny white mountain divided by a transparent sheet of plexiglass. Since Meireles is diabetic and Muntadas has high blood pressure, they chose these two condiments as the material protagonists of their joint work of art. To the suggestion made in the first part of the title (*Salt and Sugar...*), the artists hasten to reply: *No Sugar, No Salt.*

The quantity is, in the artists' words, the pile: a heap of fine sea salt and another of granulated white sugar. We know that the human body contains approximately

300 grams of salt and that the average level of glucose in the blood before breakfast varies between 70 and 120 milligrams. But cooking is not an exact art and anyone asking how many grams are contained in these "two piles" will have to be satisfied with the kind of uncertainty generated by many instructions in popular recipes ("add a *pinch* of salt," "heat a *little* oil," etc.). As to time, Meireles and Muntadas' work will be installed at the Kunsthalle from March 10 to April 14, barely more than a month but quite sufficient to witness the arrival of spring. Like a meal, it will be made, enjoyed and... disappear.

Just as the wise man does not choose the most abundant but the most pleasant food, so he savors not the longest time but the most pleasant.

Salt and Sugar... No Sugar, No Salt marks the long-awaited encounter of Meireles and Muntadas.[2] It does so with a joint self-portrait of a humorous kind. The artists have portrayed themselves in the negative, on the basis of what their organisms cannot ingest. Thus they have made the saboteurs of their bodies—the substances that debilitate them—into the ingredients of their art. The visual representation of food, as everyone knows, has a long historical tradition that reached its zenith in the Baroque still life of the seventeenth century; there the discord between elements symbolizing life (flowers and fruit) and those symbolizing death (the hourglass and skull) attained maximum tension. This discord also preoccupied Romantic painters and features in certain paintings by modern masters such as Cézanne and Picasso, who painted a number of still lifes combining succulent foodstuffs with macabre skulls. In the installation by Meireles and Muntadas, the piles of salt and sugar represent both tendencies simultaneously. As essential natural substances, they express the plenitude of life; as ingredients that trigger illness in the human body, they express the threat of death.

Though we locate *Salt and Sugar... No Sugar, No Salt* in the *memento mori* ("remember your mortality") tradition, we should also observe how Meireles and Muntadas free this baroque, romantic, and modern iconography of its funereal gravity. Here the artists have replaced the exalted feelings of the *vanitas* with a salutary sense of humor. *Salt and Sugar... No Sugar, No Salt* does indeed refer to the inexorable ephemerality of life but the form in which it does so is far from tragic; for the artists it is precisely the fleeting nature of earthly pleasures, prohibited or not, that constitutes them as sublime. When these "prohibited substances" are placed within the diminutive Kunsthalle, the spectator becomes a voyeur spying on the two piles through the windows—or should we say the peepholes—of the museum. Meireles and Muntadas thus convert their substances into objects of desire.

The wise man neither rejects life nor fears death; he does not consider death an evil any more than he thinks this of his life.

Salt and Sugar... No Sugar, No Salt is not simply a joint creation by the two artists but a broader collaboration in which the curator and directors of the exhibition space also played their role. "It is up to you how you want to describe the project," the artists told Vicente Todolí, Caroline Bachmann, and Stefan Banz. The key words they all ultimately used to describe the work included, as they were almost bound to, "conversation," "collaboration," and "friendship." Throughout their parallel trajectories, Meireles and Muntadas have, since the late 1960s, conferred a major role on collective participation and media transmission in their respective oeuvres: from *Inserções em circuitos ideológicos* (Insertion into Ideological Circuits, 1970–75) to *On Translation* (1995–), from *Cadaqués Canal Local* (Cadaqués Local Channel, 1974) to *Babel* (2001). In this context, *Salt and Sugar... No Sugar, No Salt* suggests that artistic practice is a way of life in which the bourgeois distinction between precisely those two things—art and life—ceases to exist. The artist-figure as "individualized subject" is set aside. For Meireles and Muntadas, to make art has always been to actively participate in the general intellect; thus *Salt and Sugar... No Sugar, No Salt* helps to remind us that the artistic practice is always a collective activity. A work of art, and more particularly a conceptual one, is sadly lacking in meaning if it remains isolated from the community and is not distributed or diffused. And could we not say the same of the business of eating; that, undertaken as commensality, it is a source of joy but on one's own, a source of sadness?

For the art of living well and dying well is one and the same.

To create a work for the Kunsthalle Marcel Duchamp is also to delight in the lake reflections, to visit the Forestay waterfall, and to observe the wall of snow-clad Alps on the horizon. Meireles and Muntadas have said that *Salt and Sugar… No Sugar, No Salt* is "reminiscent of two mountains touching each other," "both white" and "similar in texture." As conceptual creators, the two artists decided to bring the mountains (the Meireles-sugar-mountain and the Muntadas-salt-mountain) to the exhibition space. But as the Kunsthalle is "the smallest museum in the world," the mountains can be no more than "two piles." Is this another witty reference to the history of art? A humorously "small" homage to Walter de Maria's *Earth Room* and other "large" works of Land Art?

A preoccupation with sculptural volume remains despite the smaller scale of Meireles and Muntadas' piece. Indeed, *Salt and Sugar… No Sugar, No Salt* is first and foremost a sculpture—but one that transforms into installation and, ultimately, performance. The photographs that show Meireles and Muntadas carrying the piece in their four hands from the kitchen-studio to the peepshow-museum demonstrate that *Salt and Sugar... No Sugar, No Salt* is not merely a sculpture and installation but an artistic action. The process of creation extends into a "walk," an "exploration," and an "expedition" (other key words), thus confirming that the work of art is, rather than a mere object, an experience of life.

Simple flavors provide a pleasure equal to that of lavish banquets when once the pain due to want is extinguished, and bread and water provide the highest pleasure when eaten by someone hungry. Therefore to be accustomed to plain and simple living is conducive to health and readies one for the necessary tasks of life. It also prepares us better for the enjoyment of luxury if we should chance to meet with it and makes us fearless of the vicissitudes of fortune.

And what about Marcel Duchamp? What relationship does *Salt and Sugar... No Sugar, No Salt* have to Duchamp's work? Meireles and Muntadas, who have more than once entered into dialogue with the French artist,[3] here pay their tribute to him in several ways. The use of the transparent sheet of plexiglass undoubtedly refers to the famous use of glass in Duchamp while the foregrounding of the title with its alliterative repetition of phonemes recalls the Surrealist and Dadaist penchant for playing with the semantic and sound value of words. The idea of portraying themselves in rudimentary "cut-out" elements reminds us of the series of self-portraits by Duchamp in silhouette form and the presence of sugar cannot help but recall the famous readymade *Why Not Sneeze Rrose Sélavy?* (1921)—that bird-free birdcage inhabited by a thermometer, a cuttlefish bone, and white sugar lumps (made of marble).

If *Why Not Sneeze Rrose Sélavy?* can be seen as "a satire on Cubism and an allusion to the difficulties of love,"[4] *Salt and Sugar... No Sugar, No Salt* can be considered a revision of Minimalism and a reflection on the drawbacks of desire. Meireles and Muntadas appropriate the idea of imprisoning sugar and salt in a cubic space, convert the Kunsthalle into a cage, and place inside it a cold element—plexiglass—not unlike the thermometer that measures the temperature of the icy marble. Just as Duchamp's readymade establishes a relation between Eros *(Rrose)* and an involuntary organic response (the sneeze), Meireles and Muntadas' work creates a connection between desire (ingesting the prohibited substance) and death (the allergy of the ailing organism). But, again, in *Salt and Sugar... No Sugar, No Salt,* death makes its appearance not as a tragic character but as a natural part of life.

For more than forty years, Meireles and Muntadas have traversed a variety of geographical and social contexts taking with them their determination to confront, each on his own behalf, the authoritarian domination of the public space, the antidemocratic systems of media control, and the indiscriminate violence of injustice. Both have frequently been described as "political" artists though the true meaning of this label has rarely been explicated. Clearly, *Salt and Sugar... No Sugar, No Salt* comprises an element of social commentary (exhibiting in the diminutive Kunsthalle necessarily implies an ironic commentary on the institutional power of the museum space); nevertheless I believe it to be a philosophical—rather than a political—work of art.

Salt and Sugar... No Sugar, No Salt does not suspend but incorporates political reflection and does so by reference to a conflict at once primal, intimate, and corporeal. The Kunsthalle space has forced these two artists used to working with large-scale installations to accept a minimum scale and essential materials. What Meireles and Muntadas have expressed in their sculpture-intervention-performance is not, ultimately, a reflection about society but about the very essence of our human being: the process of living and dying. Over and beyond reference to the history of art—to baroque and modern still life, to Duchamp, to Minimalism and Conceptual Art—*Salt and Sugar... No Sugar, No Salt* is a philosophical reflection on "the health of the soul."

So when we say that pleasure is the goal, we do not mean the pleasures of the profligate or dissolute, as some believe, from ignorance willful or real or because they misinterpret our doctrines; by pleasure we mean a body free from pain and a mind free from anxiety.

There comes a time in artists' lives when they can no longer avoid the question "What is art?" or "What is it I have been doing all my life?"[5] *Salt and Sugar... No Sugar, No Salt* asks this question and proffers an enigmatic response. To dedicate one's life to artistic creation, it says, is to choose the path of wisdom—a path littered with doubts. To that extent, it is a very Epicurean work; it presents pleasure and pain as criteria of good and evil, and artistic practice as a means of learning what it means to be alive. It wisely transforms the substances that cause physical pain (sugar and salt) into an aesthetic benefit (the work of art) because it understands physical pain as merely one element of the good life.

Without salt or sugar—natural ingredients and artistic materials, objects of desire and prohibited substances, components of life and causes of death—Meireles and Muntadas could not attain *phronēsis* (φρόνησις), the "sober calculation" or "practical wisdom" that "readies man for the necessary tasks of life" and fortifies us against "the vicissitudes of fortune." The mountainous egos of the artists have wisely been reduced to two minuscule piles of sugar and salt. "You cannot live pleasurably without living prudently, honestly, and justly," says Epicurus, "nor live prudently, honestly, and justly without living pleasurably." Art—the thing that Meireles and Muntadas have been doing all their lives—was, it turns out, a way of life, and their own lives were a way of making works of art.

Notes

[1] The sentences in italics are from the *Letter to Monoeceus* by Epicurus (341–270 BC). The translation derives from two English translations: Brad Inwood and L. P. Gerson, trans. and eds., *The Epicurus Reader: Selected Writings and Testimonia* (Indianapolis and Cambridge: Hackett Publishing Company, 1994), pp. 28–31; and Epicurus, *Letters, Principal Doctrines, and Vatican Sayings*, trans. Russel M. Geer (Indianapolis: Bobbs-Merrill, 1964), pp. 53–57.

[2] For a recent account of the trajectory of each artist, see, for example, *Cildo Meireles*, exh. cat. Tate Modern (London, 2008), and *Muntadas: Entre/Between*, exh. cat. Museo Nacional Centro de Arte Reina Sofía (Madrid, 2011).

[3] The connection between the Brazilian artist and Duchamp is mentioned by Paulo Herkenhoff; we can, he says, "speak of a 'Duchampian field' in the work of Cildo Meireles" and notes that "in *Inserções em circuitos ideológicos*, the artist reverses the Duchampian operation of placing the industrial object in the universe of art" (see *Por que Duchamp? Leituras duchampianas por artistas e críticos brasileiros*, exh. cat. Itaú Cultural, São Paulo, 1999, unpaginated). I recently referred to Muntadas' work *City Museum* (1992) as an installation reminiscent of "Duchamp's *Étant donnés* [in that it uses] a few holes in the wall of the art gallery like individual peepholes through which to contemplate the secret scenes"; in "En los espacios heredados. Primeras propuestas contextuales de Muntadas, López-Cuenca y Sierra," *Versiones* 1, (December 2007), p. 95.

[4] Juan Antonio Ramírez, *Duchamp: Love and Death, Even* (London: Reaktion Books, 1998), p. 61.

[5] Gilles Deleuze and Felix Guattari, *What Is Philosophy?* (New York: Columbia University Press, 1996), p. 1. To this they add, in what might be an apt description of Meireles and Muntadas' work: "There are times when old age produces not eternal youth but a sovereign freedom, a pure necessity in which one enjoys a moment of grace between life and death."

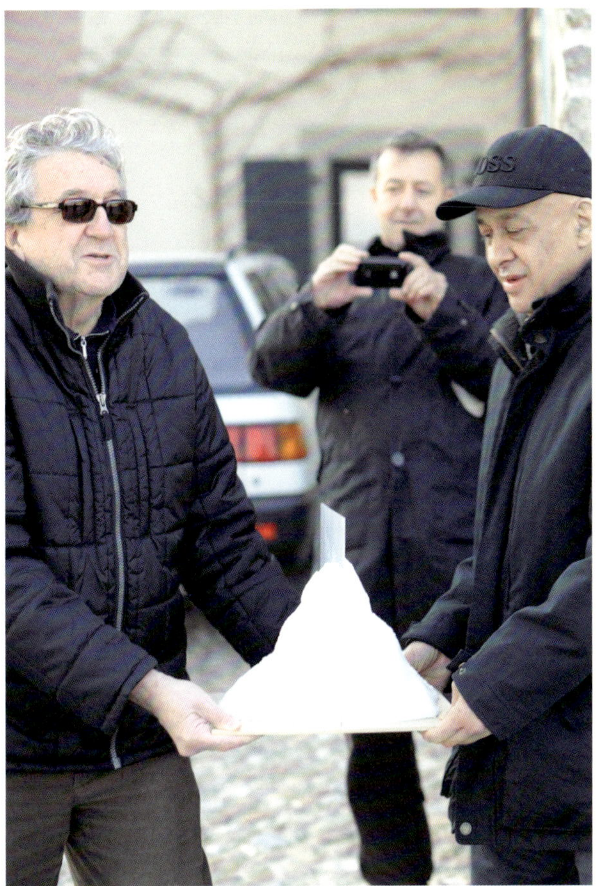

Iria Candela
EL PESO DE LAS MONTAÑAS

*Que nadie, mientras sea joven, se muestre remiso a filoso-
far, ni, al llegar a viejo, de filosofar se canse. Pues nunca
se es demasiado joven ni demasiado viejo para alcanzar
la salud del alma*[1].

No parece casual que la obra a dúo *Sal y azúcar... Sin
azúcar, sin sal*, creada expresamente por los artistas
Cildo Meireles y Antoni Muntadas para la Kunsthalle
Marcel Duchamp, se haya producido en una cocina. El
espectador que observe la pequeña instalación *in situ*,
al borde del idílico lago Lemán, pensará de inmediato
en los tres elementos básicos del cocinar: el ingrediente, la medida y la duración. El ingrediente está ya presente en el dialéctico título de la pieza, en donde la sal
y el azúcar, sustancias esenciales en la alimentación del
ser humano, conforman un pequeño montículo blanco
dividido por una plancha transparente de plexiglás.
Como Meireles es diabético y Muntadas hipertenso,
han escogido estos dos condimentos como los materiales protagonistas de su obra de arte conjunta. Frente a
la sugerencia que hace la primera parte del título (*Sal
y azúcar...*), los artistas se han apresurado a responder:
Sin azúcar, sin sal.

La medida es, en palabras de los artistas, la pila: una pila de sal marina fina y otra de azúcar blanca cristalizada. Sabemos que el cuerpo humano contiene aproximadamente 300 gramos de sal y que el nivel medio de glucosa en sangre, a la hora del ayuno, oscila entre 70 y 120 miligramos. Pero la cocina no es un arte exacto, y aquél que exija saber cuántos gramos contienen esas «dos pilas», se quedará con las mismas dudas que generan muchas de las indicaciones de la cocina popular («añádele *una pizca* de sal», «calienta *un poco* el aceite»...). En cuanto a la duración, la obra de Meireles y Muntadas existirá mientras esté instalada en la Kunsthalle, del 10 de marzo al 14 de abril, apenas algo más de un mes, pero el tiempo suficiente para testimoniar la entrada de la primavera. Al igual que una comida, se hará, se disfrutará y, más adelante... desaparecerá.

Y así como de entre los alimentos el sabio no escoge los más abundantes, sino los más agradables, del mismo modo disfruta no del tiempo más largo, sino del más placentero.

Sal y azúcar... Sin azúcar, sin sal marca el esperado encuentro entre Meireles y Muntadas[2]. Y lo hace en forma de autorretrato y en clave de humor. Los artistas se han autorretratado en negativo, es decir, a partir de aquello que sus organismos *no* pueden ingerir. Han convertido así las sustancias que los debilitan, el «enemigo» de sus cuerpos, en los ingredientes de su arte. La representación visual de los alimentos tiene, como se sabe, una larga tradición histórica, y alcanzó su máxima expresión en el bodegón barroco del siglo XVII, que desarrolló al límite la paradoja entre los elementos simbólicos de la vida (la flor, la fruta) y los de la muerte (el reloj de arena, la calavera). Dicha paradoja preocupó también a los pintores románticos y está presente en algunos cuadros de los maestros modernos, como Cézanne y Picasso, autores de varias *natures mortes* con dulces manjares y cráneos lúgubres. En la instalación de Meireles y Muntadas, las pilas de sal y de azúcar representan ambas sensaciones a la vez: en tanto sustancias esenciales de la naturaleza, expresan la plenitud de la vida; en tanto ingredientes que producen la enfermedad del cuerpo humano, la amenaza de la muerte.

Se puede enmarcar *Sal y azúcar... Sin azúcar, sin sal* dentro de este género del *memento mori* («recuerda tu mortalidad»), pero, al hacerlo, hay que tener en cuenta el modo en que Meireles y Muntadas liberan la iconografía barroca, romántica e incluso moderna de su gravedad mortuoria. Los artistas han sustituido aquí el denso sentimiento de *vanitas* por una expresión vivificante de humor. *Sal y azúcar... Sin azúcar, sin sal* alude a la inexorable fugacidad de la vida, es cierto, pero no lo hace de forma trágica: para los artistas es precisamente el carácter efímero de los placeres terrenales, también los prohibidos, lo que los convierte en sublimes. Al situar precisamente estas «sustancias prohibidas» dentro la diminuta Kunsthalle, el espectador pasa a ser un *voyeur* que observa ambas pilas de sal y azúcar por las ventanas –¿o deberíamos decir mirillas?– del museo. Meireles y Muntadas las convierten así en objetos de deseo.

El sabio ni rehúsa la vida ni teme el no vivir, porque para él la vida no es un mal, ni considera que lo sea la muerte.

Sal y azúcar... Sin azúcar, sin sal no es sólo una creación conjunta de dos artistas, sino también una colaboración más amplia, en la que participan además el comisario y los responsables del espacio expositivo: «Decidid vosotros mismos cómo queréis describir el proyecto», han sugerido los artistas a Vicente Todolí, Caroline Bachmann y Stefan Banz. Entre las palabras clave que finalmente todos han empleado para describir la obra aparecen, como no podía ser de otra manera, los sustantivos «conversación», «colaboración» y «amistad». Desde finales de la década de 1960, a lo largo de trayectorias paralelas, Meireles y Muntadas han otorgado a las ideas de participación colectiva y transmisión mediática un papel primordial en sus respectivas obras: desde *Inserciones en circuitos ideológicos* (1970-75) a *On Translation* (1995-), desde *Cadaqués Canal Local* (1974) a *Babel* (2001). En este contexto, *Sal y azúcar... Sin azúcar, sin sal*, propone la práctica artística como un modo de vida donde, precisamente, la distinción burguesa entre ambos –arte y vida– deja de existir. La propia figura del artista como «sujeto individualizado» queda en entredicho. Para Meireles y Muntadas hacer arte siempre ha sido intervenir de forma activa en el intelecto general; a este respecto, *Sal y azúcar... Sin azúcar, sin sal* recuerda que la práctica artística es siempre una actividad colectiva. La obra de arte, especialmente la conceptual, que se queda sin distribuir o aislada de la comunidad, carece tristemente de sentido. ¿Y acaso no ocurre lo mismo con el propio ejercicio del comer, que al realizarse en grupo es motivo de júbilo y, cuando se hace en solitario, de tristeza?

Pues el arte de vivir bien y morir bien son una misma cosa.

Hacer una intervención en la Kunsthalle Marcel Duchamp es al mismo tiempo deleitarse en los reflejos del lago, visitar la cascada de Forestay, observar los Alpes nevados a lo lejos. Meireles y Muntadas han dicho que *Sal y azúcar... Sin azúcar, sin sal* «recuerda a dos montañas que se tocan», «ambas blancas» y con «una textura muy similar». En tanto creadores conceptuales, los artistas han decidido traerse esas dos montañas (la montaña-azúcar-Meireles, la montaña-sal-Muntadas) al espacio expositivo. Pero como la Kunsthalle es «el museo más pequeño del mundo», las montañas no pueden ser más que «dos pilas». ¿Otro guiño a la historia del arte? ¿Homenaje humoroso y «diminuto» a la *Earth Room* de Walter De Maria y otras «grandes» obras del Land Art?

Que posea una escala menor no significa que la obra de Meireles y Muntadas no refleje un interés por el volumen escultórico. De hecho, *Sal y azúcar... Sin azúcar, sin sal* es, en primer lugar, una escultura. Pero una escultura que más adelante se convierte en instalación y, finalmente, deviene performance. De hecho, las fotografías que documentan a Meireles y Muntadas portando esta pieza a cuatro manos desde el taller-cocina al mini-museo demuestran hasta qué punto *Sal y azúcar... Sin azúcar, sin sal* es, además de una escultura y una instalación, una acción artística. El proceso de creación se extiende en forma de «paseo», de «exploración», de «expedición» (otras palabras clave), confirmando así que la obra de arte es, antes que un objeto, una experiencia de vida.

Una vez que se elimina todo el dolor de la necesidad, los alimentos sencillos procuran igual placer que una comida lujosa y refinada. Y el pan y el agua dan el más elevado placer cuando se toman después de una larga privación. En efecto, habituarse a un régimen de comidas sencillas y frugales es saludable; prepara al hombre frente a las urgencias de la vida, le permite gozar mejor de una comida copiosa cuando se presenta la ocasión, y lo fortalece contra los reveses del azar.

¿Y Marcel Duchamp? ¿Qué relaciones hay entre *Sal y azúcar... Sin azúcar, sin sal* y la obra del artista francés? Meireles y Muntadas, que han dialogado con Duchamp en otras ocasiones[3], le hacen aquí varias referencias. El uso de la plancha transparente de plexiglás remite sin duda al célebre empleo del vidrio en Duchamp, y el protagonismo que se otorga al título de la obra, con la aliteración o repetición de los fonemas, recuerda a aquella estrategia tan querida por dadaístas y surrealistas de jugar con el valor semántico y sonoro de las palabras. La idea de retratarse a sí mismos a partir de dos elementos básicos y «recortados» alude a la serie de autorretratos duchampianos en forma de siluetas, como lo hace la presencia del azúcar, que remite al célebre ready-made *Why not Sneeze Rrose Sélavy?* (1921) –aquella pequeña jaula sin pájaro en cuyo interior cohabitaban un termómetro, un hueso de jibia y numerosos cubos blancos de azúcar (realizados en realidad con mármol).

Si es posible que *Why not Sneeze Rrose Sélavy?* sea «una sátira al Cubismo y una alusión a las dificultades del amor»[4], *Sal y azúcar... Sin azúcar, sin sal* podría interpretarse como una revisión del minimalismo y una reflexión sobre las inconveniencias del deseo. Meireles y Muntadas retoman la idea de encerrar el azúcar y la sal en un espacio cúbico, convierten la Kunsthalle en jaula e introducen en su interior un elemento frío –el plexiglás– a la manera del termómetro que medía la temperatura del gélido mármol. De igual modo que el ready-made de Duchamp establecía una relación entre el Eros (*Rrose*) y la respuesta involuntaria del organismo (el estornudo o *sneeze*), la obra de Meireles y Muntadas crea un vínculo entre el deseo (ingerir la sustancia prohibida) y la muerte (amenaza al organismo enfermo). Pero, de nuevo, en *Sal y azúcar... Sin azúcar, sin sal*, la muerte no aparece como personaje trágico, sino como parte natural de la vida.

Nada hay, pues, temible en el vivir para quien ha comprendido rectamente que nada hay temible en el no vivir. Es necio quien confiese temer a la muerte no por

*el dolor que pueda causarle en el momento que se pre-
sente, sino porque, pensando en ella, siente dolor: pues
aquello cuya presencia no nos perturba, no es sensato
que nos angustie durante su espera. Así que el más es-
pantoso de los males, la muerte, no significa nada para
nosotros, pues mientras nosotros somos, ella no es; y
cuando ella es, nosotros ya no somos.*

Durante más de cuatro décadas, Meireles y Muntadas
han transitado diversos contextos geográficos y socia-
les con la determinación de enfrentarse, cada uno por
su parte, al dominio autoritario del espacio público, a
los sistemas antidemocráticos de control mediático
o a la violación indiscriminada de la justicia. Ambos
han sido descritos a menudo como artistas «políticos»,
aunque rara vez se ha explicado con detenimiento el
verdadero significado de tal calificativo. Aunque es
evidente que *Sal y azúcar… Sin azúcar, sin sal* hace un
comentario social (exponer en la diminuta Kunsthalle
es ya ironizar sobre el poder institucional del espacio
museístico), creo no obstante que se trata de una obra
de arte, antes que política, filosófica.

No es que *Sal y azúcar… Sin azúcar, sin sal* suspen-
da la reflexión política sobre el mundo, sino que más
bien la incorpora. Y lo hace a través de su alusión a un

conflicto primigenio, íntimo y corporal. El espacio de la Kunsthalle ha obligado a dos artistas acostumbrados a trabajar con instalaciones de gran tamaño a optar por una escala mínima y por materiales esenciales. Lo que Meireles y Muntadas han expresado en su escultura-intervención-performance en última instancia no es sólo una reflexión acerca de la sociedad, sino sobre la misma esencia del ser humano, del proceso de vivir y de morir. Más allá de sus referencias a la propia historia del arte –al bodegón barroco y moderno, a Duchamp, al minimalismo y al arte conceptual–, *Sal y azúcar... Sin azúcar, sin sal* se presenta como una reflexión filosófica sobre «la salud del alma».

Cuando decimos que el placer es el objetivo final, no nos referimos a los placeres de los disolutos y crápulas, como afirman algunos que desconocen nuestra doctrina o que no están de acuerdo con ella o la interpretan mal, sino al hecho de no sentir dolor en el cuerpo ni turbación en el espíritu.

Hay, en efecto, una edad venerable en la que también el artista se enfrenta finalmente a la pregunta «¿qué es el arte?», o, dicho con otras palabras, «¿pero qué era eso que he estado haciendo toda mi vida?»[5]. *Sal y azúcar... Sin azúcar, sin sal* plantea esa pregunta y al mismo tiempo la responde enigmáticamente. Afirma que vivir dedicado a la creación artística es emprender el camino hacia la sabiduría (un camino repleto de dudas). En este sentido, es una obra plenamente epicúrea, porque presenta las nociones de placer y de dolor como medidas del bien y el mal, y la práctica artística como un modo de tomar conciencia de lo que significa *estar vivo*. Convierte sabiamente la sustancia que causa el mal físico (la sal, el azúcar) en un bien estético (la obra de arte), porque entiende dicho mal físico como un elemento más del buen vivir.

Para Meireles y Muntadas, sin sal y sin azúcar –ingredientes naturales y materiales artísticos, objetos de deseo y sustancias prohibidas, elementos de vida y causantes de muerte– no se podría alcanzar la *phronēsis* (φρόνησις), la «prudencia» o «sabiduría práctica» que «prepara al hombre frente a las urgencias de la vida» y «lo fortalece contra los reveses del azar». Los montañosos egos de los artistas han sido reducidos, sabiamente, a dos minúsculas pilas de sal y azúcar. «No es posible vivir placenteramente sin vivir sensata, honesta y justamente», dice Epicuro. «Ni vivir sensata, honesta y justamente sin vivir con placer». El arte, eso que Muntadas y Meireles han estado haciendo toda su vida, era un modo de vivir, y sus propias vidas, un modo de hacer obras de arte.

Notas

[1] Todas las frases que aparecen en cursiva en el texto proceden de la *Carta a Meneceo* de Epicuro (341-270 a.C.). Hemos cotejado las versiones en castellano de Carlos García Gual (Alianza Editorial, Madrid, 1981) y Montserrat Jufresa (Tecnos, Madrid, 1991).

[2] Para un estudio reciente de la extensa trayectoria de cada artista véase, por ejemplo, *Cildo Meireles*, cat. exp., Tate Modern, Londres, 2008, y *Muntadas: Entre/Between*, cat. exp., Museo Nacional Centro de Arte Reina Sofía, Madrid, 2011.

[3] La conexión entre el artista brasileño y Duchamp la menciona Paulo Herkenhoff cuando dice que «es posible hablar de un "campo duchampiano" en la obra de Cildo Meireles», y señala que «en *Inserciones en circuitos ideológicos* el artista revierte la operación duchampiana de colocar el objeto industrial en el universo del arte» (en *Por que Duchamp? Leituras duchampianas por artistas e críticos brasileiros*, cat. exp., Itaú Cultural, São Paulo, 1999, s.p.). Recientemente me he referido a la obra *City Museum* (1992) de Muntadas como una instalación que rememora «la *Étant donnés* duchampiana [mediante] unos pequeños agujeros en la pared de la galería de arte a modo de miradores individuales por los que contemplar escenas secretas» (en «En los espacios heredados. Primeras propuestas contextuales de Muntadas, López Cuenca y Sierra», *Versiones*, número 1, diciembre de 2007, p. 95).

[4] Juan Antonio Ramírez, *Duchamp. Love and Death, Even*, Reaktion Books, Londres, 1998, p. 61.

[5] Gilles Deleuze y Félix Guattari, *¿Qué es la filosofía?*, Editorial Anagrama, Barcelona, 1993, p. 7. A lo que, en lo que podría ser una descripción exacta de la pieza de Meireles y Muntadas, añaden: «A veces ocurre que la vejez otorga, no una juventud eterna, sino una libertad soberana, una necesidad pura en la que se goza de un momento de gracia entre la vida y la muerte».

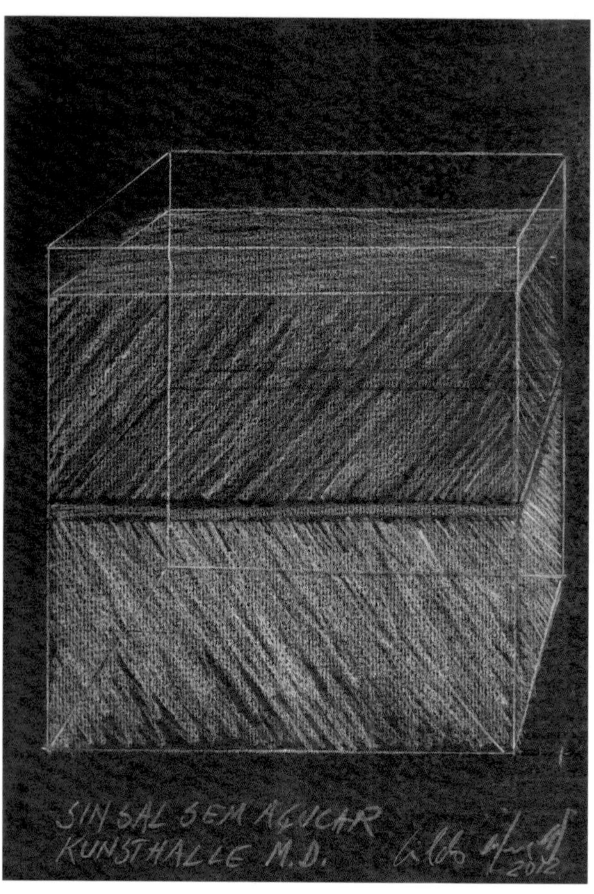

SIN SAL SEM AÇUCAR
KUNSTHALLE M.D.
2012

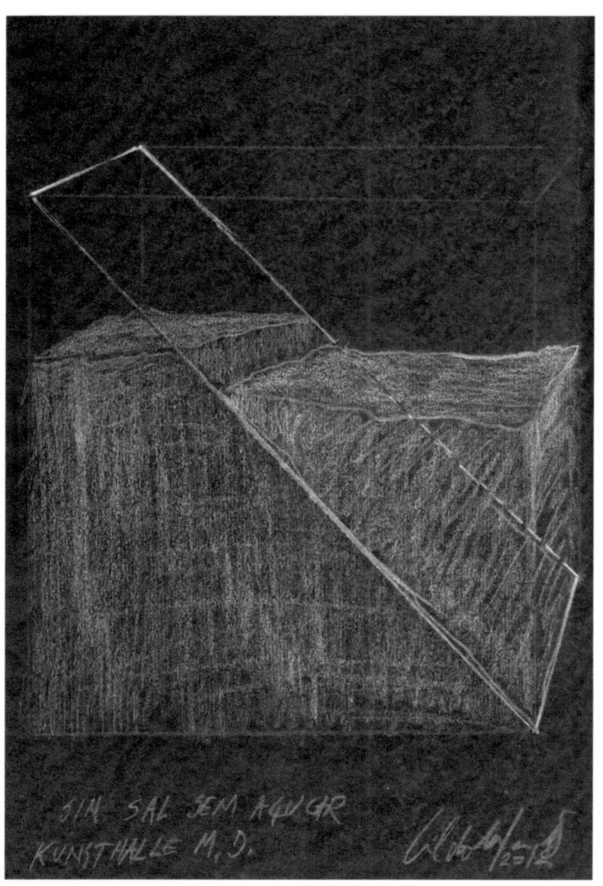
SIM SAL SEM AUGR
KUNSTHALLE M.D.

BIOGRAPHIES

Iria Candela (born in Santiago de Compostela in 1976) is an art historian and curator. She obtained a MA in Modern Art and Critical Studies at Columbia University, New York, and a PhD in Art History at the Universidad Autónoma de Madrid. She currently works at the curatorial department of Tate Modern, London, having previously worked for the Museo del Prado and Guggenheim Museum. Her most recent book is *Contraposiciones. Arte contemporáneo en Latinoamérica, 1990–2010*.

Cildo Meireles (born in Rio de Janeiro in 1948) is a conceptual artist, installation artist, and sculptor. His works, often large and dense, encourage the viewer's interaction. In 1970 he developed *Insertions Into Ideological Circuits,* a political art project which aimed to reach a wide audience while avoiding censorship. He was one of the founders of the Experimental Unit of the Museu de Arte Moderna in Rio de Janeiro in 1969, and in 1975 he edited the art magazine *Malasartes*. In 2008 he won the Velázquez Visual Arts Prize, presented by the Ministry of Culture of Spain. Meireles lives and works in Rio de Janeiro.

Antoni Muntadas (born in Barcelona in 1942) is a multidisciplinary media artist. He was a research fellow at the Center for Advanced Visual Studies at MIT, 1977–84, and is currently professor of the practice at ACT/MIT. In 1995, he was awarded an Ars Electronica Honorary Mention for his well-known work *The File Room,* an early and ongoing Internet art project. His work has been exhibited widely at venues including the Museum of Modern Art, New York; the Venice Biennale, Spanish Pavilion; Documenta VI; Documenta X; and the Reina Sofía, Madrid. Since 1971 he has been living and working in New York.

Vicente Todolí (born in Valencia in 1958) is a curator of contemporary art. In 1986 he was nominated chief curator of IVAM in Valencia, a position he held until 1988, when he became artistic director (1988–96) of the same institution. In 1996 he joined Museu Serralves in Porto as its founding director, and seven years later, in 2003, he was appointed director of Tate Modern London, a position he held until 2010. He is currently living in Spain and working on several exhibition projects.

BIOGRAFÍAS

Iria Candela (nacida en Santiago de Compostela en 1976) es historiadora del arte y comisaria. Obtuvo un Máster en Arte Moderno en la Universidad de Columbia de Nueva York y es doctora en Historia del Arte por la Universidad Autónoma de Madrid. Desde 2009 forma parte del equipo comisarial de la Tate Modern de Londres. Previamente ha trabajado para el Museo del Prado y el Museo Guggenheim. Acaba de publicar el libro *Contraposiciones. Arte contemporáneo en Latinoamérica, 1990–2010*.

Cildo Meireles (nacido en Río de Janeiro en 1948) es un artista conceptual y de instalaciones además de escultor. Sus obras, a menudo de grandes dimensiones y densas, animan la interacción del espectador. En 1970 desarrolló *Inserciones en circuitos ideológicos*, un proyecto de arte político, con el objetivo de llegar a un público amplio y al mismo tiempo evitar la censura. Fue miembro fundador de la Unidad de experimentación del Museu de Arte Moderna de Río de Janeiro en 1969, y en 1975 editó la revista de arte *Malasartes*. En 2008 recibió el Premio Velázquez de Artes Visuales, otorgado por el Ministerio de Cultura de España. Meireles vive y trabaja en Río de Janeiro.

Antoni Muntadas (nacido en Barcelona en 1942) es un artista multimedia experimental. Fue investigador en el Center for Advanced Visual Studies del MIT entre 1977 y 1984 y actualmente es profesor de las prácticas del ACT/MIT. En 1995 se le otorgó una Mención Honoraria de Ars Electrónica por su célebre trabajo *The File Room*, uno de sus primeros proyectos de Internet Art que sigue activo. Su obra ha sido expuesta ampliamente en diferentes lugares, entre ellos el Museum of Modern Art de Nueva York, el pabellón español de la Bienal de Venecia, la documenta VI, la documenta X y el Museo Reina Sofía de Madrid. Desde 1971 vive y trabaja en Nueva York.

Vicente Todolí (nacido en Valencia en 1958) es comisario de arte contemporáneo. En 1986 fue nombrado conservador jefe del IVAM en Valencia, un puesto que mantuvo hasta 1988, año en que pasó a ser el director artístico de la misma institución (1988-96). En 1996 fue director fundador del Museu Serralves en Oporto, y siete años después, en 2003, fue nombrado director de la Tate Modern de Londres, donde permaneció hasta 2010. Actualmente vive en España y trabaja en numerosos proyectos expositivos.

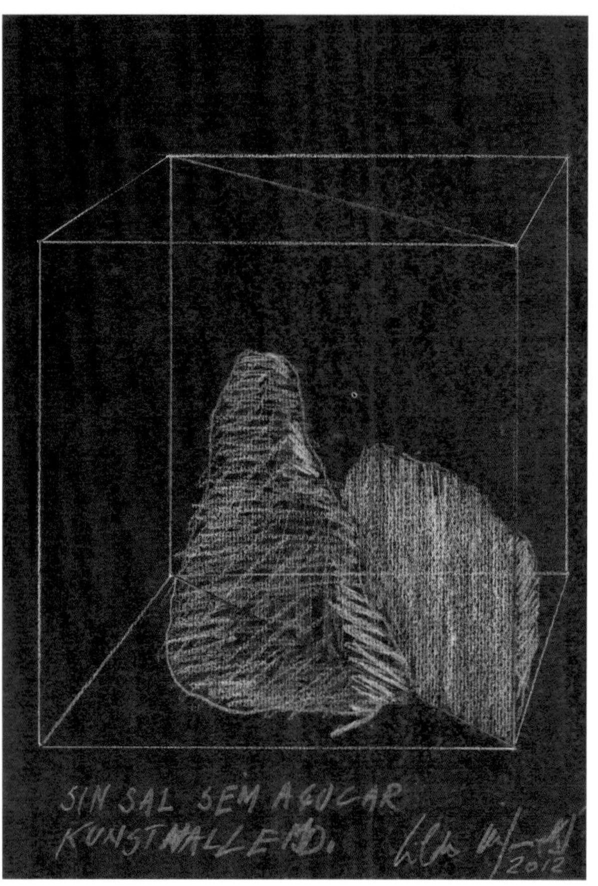

SIN SAL SEM AÇÚCAR
KUNSTHALLE MD.
2012

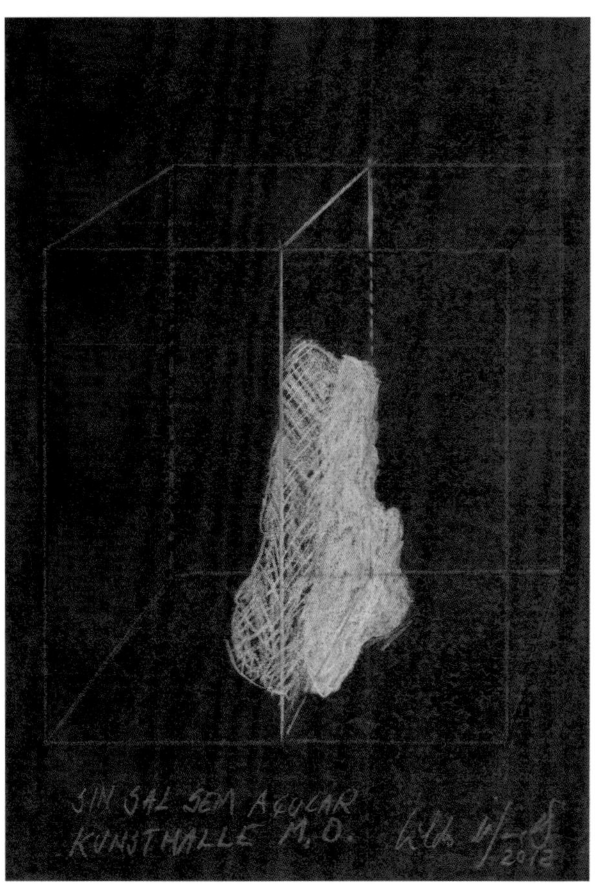

SIN SAL SEM AÇUCAR
KUNSTHALLE M.O.
2012

Cildo Meireles & Antoni Muntadas, Salt & Sugar… No Sugar, No Salt, curated by Vicente Todolí, is published on the occasion of the exhibition of the same title at the Kunsthalle Marcel Duchamp in Cully, from March 10 to April 14, 2012.

Cildo Meireles & Antoni Muntadas, Sal y azúcar… Sin azúcar, sin sal, comisariada por Vicente Todolí, se publica con motivo de la exposición homónima en la Kunsthalle Marcel Duchamp en Cully, del 10 de marzo al 14 de abril de 2012.

Editor | Editor
 Stefan Banz, Kunsthalle Marcel Duchamp, Cully, Switzerland | Suiza: www.akmd.ch – hello@akmd.ch

Publisher | Editorial
 Verlag für moderne Kunst Nürnberg GmbH
 www.vfmk.de

Text | Texto
 Iria Candela

Translations | Traducciones
 Chris Miller (español-English), Caroline Bachmann and | y Susana Lamas Docampo (English-español)

Proofreading | Corrección de pruebas
 Jonathan Fox (English)
 Amaia Múgica Achalandabaso (español)

Photographs and layout | Fotografías y diseño
 Stefan Banz, except the photograph on pages 20–21 by | excepto la fotografía de las páginas 20–21, de Moisés Pérez de Albéniz Andueza

Drawings and installation | Dibujos e instalación
    Cildo Meireles, Antoni Muntadas,
    and | y Caroline Bachmann

Printing | Impresión
    DZA Druckerei zu Altenburg GmbH, Germany | Alemania

ISBN
    978-3-86984-326-1

Copyright
    © 2012 by Cildo Meireles, Antoni Muntadas, Iria
    Candela, Stefan Banz, Kunsthalle Marcel Duchamp,
    and Verlag für moderne Kunst Nürnberg.
    Printed in Germany. All rights reserved

THANKS | AGRADECIMIENTOS

The artists wish to thank Vicente Todolí, Iria Candela, Andrea Nacach, Bernardo Damasceno, Ester Morant, and Moisés Pérez de Albéniz Andueza for their help and support. Their special gratitude goes to Caroline Bachmann and Stefan Banz. This project would not have been realized without their interest and commitment.

Los artistas desean dar las gracias a Vicente Todolí, Iria Candela, Andrea Nacach, Bernardo Damasceno, Ester Morant y Moisés Pérez de Albéniz Andueza por su ayuda y apoyo, y muy especialmente a Caroline Bachmann y Stefan Banz. Este proyecto no se habría podido realizar sin su interés y compromiso.

The books of the Kunsthalle Marcel Duchamp are published thanks to the support of Antoinette Bachmann (1938–2009). They are dedicated to her memory.

Los libros de la Kunsthalle Marcel Duchamp se publican gracias al apoyo de Antoinette Bachmann (1938–2009). Están dedicados a su memoria.

Bibliographic information by Die Deutsche Nationalbibliothek
The Deutsche Nationalbibliothek lists this publication in the Deutsche Nationalbibliografie; detailed bibliographic data is available on the Internet at http://dnb.ddb.de.

Información bibliográfica facilitada por Die Deutsche Nationalbibliothek
La Deutsche Nationalbibliothek incluye esta publicación en la Deutsche Nationalbibliografie; información bibliográfica detallada disponible en Internet: http://dnb.ddb.de.